U0137870

那是一条条河

张锦江　主　编

上海市儿童文学研究推广学会
上海市科学技术普及志愿者协会　　组　编

上海教育出版社
SHANGHAI EDUCATIONAL
PUBLISHING HOUSE

一株苹果树

（代序）

　　这是初夏里的一天，我在一块气派而典雅的草坪上见到了一株苹果树。倘若你不去注意树前木牌上的解读，那就是一株平常的树，假设在旷野之中，它会孤独、寂寞、无声地活着，与所有在原始森林里的树一样，谁也不会特意关注它。然而，这是在上海名声显赫的科学会堂的草坪上，洁白的木栅栏围护着这棵小树，一块蓝色的铭牌上写着：牛顿苹果树，2024 年 3 月 25 日，落户上海科学会堂。

　　我曾在英国剑桥大学，从国王大道至三一街，见过三一学院的大门，墙面和窗沿都已斑驳，呈苍老的土灰色，那里有一棵低矮的苹果树，枝叶翠翠的，主干与分枝并不粗壮，但，这树是"牛顿苹果树"。一枚落下的苹果砸到了牛顿，使他有了惊世的领悟。是否真有苹果砸在牛顿的头上，这并不重要，但"牛顿苹果树"已成为科学史上的一个传奇。当年我见到的"牛顿苹果树"并不是原株，原株在牛顿的家乡英国伍尔斯索普庄园，已有差不多四百年树龄。在三一学院所见的苹果树是从原株嫁接移植而来。

　　"牛顿苹果树"来到上海，始于 2014 年以杨福家院士为代表的中国科学家们发起的倡议。十年之后，"牛顿苹果树"嫁接成功，落户上海科学会堂，并拥有双重身份验证，一份是英国信托基金会给予的"出生证"，一份是中国国家林业和草原局颁发的"身份证"。

有幸在上海科学会堂重见"牛顿苹果树"，是一份幸福，我的眼前是一片光亮，我的眼前是一派豪迈，我的眼前是一株巨树。满坪的绿草摇曳着，葱茏的香樟树在沙沙作响，仿佛一种亲切而热情的中国式的问候："牛顿苹果树，中国欢迎您！"是呀，科学没有国界，科学精神没有国界，科学传承没有国界，科学友谊是永存的！

这个值得纪念的时刻到来了。我们一群人欣喜地围拢在"牛顿苹果树"四周，我们是一群编撰"院士少年成长书系"的编者与作者，为少年儿童传递科学精神而汇聚在一起，我们对"牛顿苹果树"落户上海科学会堂的意义自然明白，我们在"牛顿苹果树"前留下了难忘的合影。

科学需要有童心，有幻想，然后把童心的幻想变为真正的现实。当我站在上海科学会堂爱因斯坦的相片前，我想起爱因斯坦年老之后还保有童心，夜晚看天上的星星，幻想星空世界。当我站在上海科学会堂的院士墙下，我满目是星光，这灿烂的光焰中，有多少童年的幻想，变成了今天令人赞叹的成就。我们编创人员以此为构想，去规划着、去努力着、去实现着。其间，我与上海市科学技术普及志愿者协会副理事长等一同去拜望过樊春海院士，在他那朴实而简洁的办公室中，我向他介绍了"院士少年成长书系"的构想，我说："这套书计划出版若干辑，每辑采访十位院士，用报告文学的形式，形象、生动、真实地再现院士少年时代的日常生活和理想的萌发，展示院士少年时代的优秀品格和闪光的理想轨迹，给少年儿童以尊崇科学、热爱科学的教育和启示。这是一份社会责任，也是给未来种上一颗科学的种子，这与'牛顿苹果树'落户科学会堂具有同等意义！"这位年纪不大而精力充沛的院士，清秀的脸颊容光焕发，他对这套书寄予热切的期望，他兴致高昂地说："这是一件很有意义的事，我全力支持，需要我做什么，我尽力去做。"他随即推荐了一些院士，介绍这些院士的杰出成就。他还郑重其事地说："科学与文学的交流与复合很有意义。"科学需要幻想。我们的幻想点燃了！

图书的编创比设想的进度还快，从2024年2月启动，在上海市科学技术普及志愿者协会的鼎力协助下，很快确定了首批接受采访的院士人选，十位作家立即投入采访和创作。5月，十篇初稿完成了。

编创者们怀着激励少年儿童的使命，怀着对科学家们的敬意，极其认真、一丝不苟地投入工作中。接受采访的院士们全力配合，严谨的科学风范让人叹服。其情其景，其形其义，似琴瑟和鸣。

作者宣晓凤采访106岁的杨槱院士，遇到了极大困难，这位世纪老人已沉默无言。作者想尽了办法，带去了《梦想之舰辽宁舰》和《和平方舟医院船》。当杨院士见到这两本书，他的眼中立刻泛起亮光。杨院士认真地翻阅起来，他的脸上露出一丝难得的微笑。这一丝微笑，是他对学生的造船成就的赞许。中国第一艘航母辽宁舰的总设计师朱英富院士正是他的学生。在他的学生中，还有许多人的名字在中国舰船史上闪光。后来，杨院士的儿子提供了许多鲜为人知的父亲少年时代的故事。杨槱院士在广州上小学时，居然听过孙中山先生的演讲，科学兴国的爱国情怀在他少年时就燃起了火苗！

作者沈红燕，以她特有的亲和力采访了东方明珠电视塔的总设计师江欢成院士，聊家常式的采访，引得江院士兴致盎然、滔滔不绝，作者觅得了许多江院士少时有趣而精彩的生活细节。江院士还主动展示了从不示人的手记、影像和图片资料。作者以她朴实的语言写出了江院士小时候的故事。江院士看后写下了一段话："作者在生活原型的基础上来了一点艺术加工，加了油添点甜，就成了文学……仿佛我自己又变成了小孩子。"

《少年文艺》原执行主编任哥舒，在采访前研读了不少报告文学佳作，之后参与了药物学家陈凯先院士的讲座，与陈院士面对面交谈，并多方深入陈院士少年时就读的华东师范大学第一附属中学，了解他的老师与同学对他当年的印象。作品足足修改了六稿才定型。

作家童孟侯专程从市区赶到松江采访朱美芳院士。曾经是记者的简平在采访45岁就当选为中国科学院院士的樊春海院士时，发现这位跨界的科学家创造了一个又一个科学奇迹，他在物理、化学、生物、医学之间持续"破圈"。简平立即捕捉到一个奇特的少年形象：在这少年的眼中，所有事物的成因都像一个个问号，流淌在河水中。樊院士说过："对孩子来说，好奇心尤为重要，有好奇心，才会有广阔的视野，才会去追问，去探寻。"

每位作者都用恰如其分的文字描绘了院士们的少年时代，将院士们的人格魅力称为"小草之光""东方明珠一少年""生命之钥""清贫的牡丹"。

现在，我们完成了第一辑，后续还将会有第二辑、第三辑……我们将一辑一辑编写下去。

在我们这群人即将离开草坪上的"牛顿苹果树"时，惊奇地发现苹果树上的花苞绽放了，花色粉白中带一抹浅红，娇柔迷人。

初夏的花，开得真美呀！

我蘸一滴"牛顿苹果树"的花色，写下这篇序。

华东师范大学教授、作家、文学评论家

张锦江

2024 年 6 月于墨海居

目　录

褚君浩院士

他是物理学界的**大树**，

却谦逊地称呼自己为**小草**。

小草之光

陈 苏

  风靡全世界的魔幻小说《哈利·波特》中，哈利的三大利器让无数小读者津津乐道，其中，那件隐身斗篷最令人称羡。如果有人告诉你，也许有一天隐身斗篷会成为你衣柜中的日常用品，你一定感到不可思议吧？没错，这是来自中国科学院院士、红外物理学家褚君浩的预言。2023 年 10 月 28 日，在"Bilibili 超级科学晚"现场观众的惊奇注视下，儒雅的褚院士亲自演示了隐身术——他的双腿在一块神奇材料的遮挡下消失了，而身后的舞台场景依然清晰可见，全场掌声如潮。褚院士为大家揭示了其中的科学奥秘，那是来自柱镜光栅的魔力。

  红外光是褚院士研究多年的领域。为了追寻那道看不见的光，他付出了大半辈子的艰辛努力。那么，这位科学家不平凡的追光之旅是从哪里开始的呢？

（一）

  小时候，跟随父母从宜兴老家来到上海的褚君浩，住在虹口区宝安路祥茂里。平日哥哥姐姐上学去了，他就在弄堂口滚铁圈、打弹子、看斗蟋蝉。夏日的夜晚，屋里暑热难消，父亲褚绍唐牵着他的小手去附近的虹口公园纳凉。夜色中的天空显得格外辽阔，月亮好像小船在云海里穿行，星星在夜幕上闪烁着神秘的光。在中学教地理的父亲，用一口软糯的宜兴话，讲起了天文学知识，讲月亮、太阳和地球如何相互遮挡，日食、月食是如何形成的……褚君浩听得入了迷。这个虎头虎脑的小男孩，清澈的眼神里满是好奇，对浩瀚的苍穹产生了无尽的遐想。

不久，父亲褚绍唐受聘于新成立的华东师范大学，成为华东师范大学地理系建系后最早的五位教师之一，他们家也于1953年搬到了师大一村。4303，那是永远镌刻在褚君浩记忆中的门牌号。平房门前的小院，让这个爱观察天空的小男孩心生欢喜。他经常坐在小院里，看云卷云舒变幻无穷，一会儿像是羊群，一会儿又成了棉花糖，在想象的世界里尽情驰骋。

那时华东师范大学地理系刚成立，地理馆在褚君浩眼前一砖一瓦地建造起来。他在师大附小上四年级，同学的父母也大都是华东师范大学的教师。对于一个8岁的小男孩而言，当然还无法意识到华东师范大学的学术氛围对自己日后成长的影响，只是觉得周围的人都很有学问。

父亲比在中学任教时更忙了，回到家也总是在书桌前伏案读写，或是与同事、学生讨论地理教学问题。家里来访师生络绎不绝，褚君浩也几乎认识了地理系的每一个人。对门住的是著名地理学家胡焕庸，他儿子与褚君浩成了玩伴，两人经常一块儿打弹子。

父亲的书架是褚君浩最感兴趣的地方。简陋的书架上，堆满了各种书籍。褚君浩喜欢找天文书和气象书来看，《科学画报》《科学大众》也百看不厌。他惊喜地发现,《地理学报》等刊物上有不少父亲署名的文章,都是一些有关地理教学、地理考察或是地图学方面的论文。虽然他还不太看得懂,但对于父亲的敬佩之情油然而生。他有时会想,将来也要成为像父亲那样有学问的人。

师大一村门口有个旧货摊,那些零碎的小物件在男孩子眼里可是五光十色的宝贝,比如三棱镜就是褚君浩喜欢收集的,如今他办公室抽屉里还保存着一块。五年级时,他开始琢磨做一架属于自己的望远镜。一天,他发现了两块透镜,如获至宝,又找来一片硬纸板,将两块透镜和一片硬纸板组合在一起,一个简易望远镜做成了!夜色降临,他在小院里捧着自己的杰作观测夜空,那晚的月光似乎格外清朗,闪烁的星光也似乎带着点鼓励。自制的望远镜虽然简陋,时而清晰,时而模糊,小小少年的心中却充盈着快乐,这是他第一次自己动手制作观测工具。

(二)

在褚君浩的童年记忆中,父母很少管教他。身为大学教师的父亲,从来没有要求他读什么书,考试得多少分。小学阶段,他的学习成绩并不出挑。六年级的成绩单上,除了最喜欢的科目自然和体育为5分,其他大多为4分,写字、图画还是3分,但父母似乎从未为此操过心。

丽娃河、小木桥、树林……偌大的华东师范大学校园就是他童年的"百草园"。去丽娃河游泳,在草丛里抓蟋蟀,"挖防空洞打仗",爬上梧桐树瞭望……有时候,屋顶故事会开讲。中文系史存直先生的儿子年长他几岁，特别会讲笑话。几个小伙伴爬上第五宿舍的尖顶隔层，啃几口楼下刚拔的胡萝卜，你一个、我一个地讲起故事来，中外民间故事、小英雄故事，绘声绘色的讲述中，真善美的种子也扎根在了孩童心中。

在没有游戏机，没有动画片，也没有变形金刚的年代，大自然和游戏不仅带来无穷乐趣，而且还锻炼了身体。论个子，褚君浩在同龄人中不算高，但比力气，他自信满满。有时几个男孩一起比试，褚君浩撸起衣袖露出健壮的小胳膊，自豪地说"来呀"！小伙伴们不服气，三个人一起上，男孩们扭成一团。结果，三个人被褚君浩三下五除二打趴下了。忆及这个细节，已近耄耋之年的褚院士，漾着笑意的眼睛里流露出孩童般的顽皮和得意。当然，他最引以为豪的是，1956年"上海市中小学及自学小组学生体育运动会"短跑比赛中，他获得了普陀区第二名。他摩挲着这枚小小的银质奖牌，上面那奔跑的少年仿佛永远向前。

调皮的日子自由自在，闯祸也在所难免。爬上高高的草垛摆擂台，一不小心摔下来扭伤了手，还不敢在父母面前吭声；从没学过自行车，看同学骑车羡慕，前一秒来个潇洒的后上车，后一秒膝盖摔破了……

一个初冬的傍晚，褚君浩和小伙伴玩"香烟牌子"，赢了好开心，输了又不服气，根本停不下来。天色渐暗，他也玩累了，回到家坐在门口台阶上不知不觉睡着了。蒙眬中，脑袋一阵生疼。睁眼一看，眼前是焦急万分的父母。他们四处寻找儿子，都快急疯了，父亲甚至到他经常去玩的小河边，用竹棍在河里打捞。那一记"爆栗子"，是父亲唯一一次动手打他。

孩童时总是盼望着长大，而真正的成长犹如一颗等待发芽的种子，需要阳光、雨露，更需要静静地等待。

"……锻炼身体，会玩，会动手动脑……会广交朋友……"多年以后，当褚君浩作为院士校友回到师大附小做科普讲座时，年逾九十的老校长陈先墀先生激动地写了封信，如此点评这名当年的学生。

（三）

出了华东师范大学后门，穿过一片田野，就是上海市曹杨第二中学。初中生褚君浩和同伴一路放飞，抓抓虫子，看看景色。哎呀，上课快迟到了！因为担心迟到会挨老师批评，有几回两人索性翘了课。

当童年顽皮尚未蜕尽，又遇到成长路上的叛逆期，烦恼也不期而至。初一时，坐在后排的男生觉得语文课没劲，就怂恿褚君浩：上课我们一起喊一声，你敢吗？褚君浩脱口而出：敢呀！上课了，后排悄声传来口令：一二三！褚君浩发出"哇"一声，同学们的目光一下子聚焦到他身上，而那个男生一声不吭。结果，老师把褚君浩叫起来一顿批评，还写进了学生手册。

转折发生在初二下学期。褚君浩渐渐发现因式分解、同类项合并很有趣，喜欢上了代数。他把能找到的数学习题都做了，成绩也好像开了挂。泛黄的初中学生手册上，初二上下两学期的成绩泾渭分明。也就是在那时，父亲被调往上海师范学院（现为上海师范大学）任教，褚君浩便转学到了徐汇中学。

这所中西交融的百年老校有着浓浓的学习氛围，还有一位令他终生难忘的老师。刚进班里，就有同学告诉他，班主任兼数学老师王老师和同学们说，即将转到我们班的这个同学很优秀。听了这话，仿佛有股能量在褚君浩心中升腾。以后每当上数学课，他总是充满了期待。那个曾经课桌里藏着金蛉子的调皮少年，悄然变成了上课全神贯注的勤奋学生，并养成了眼睛不离三点（即老师、黑板和书本）的好习惯。

轻松做完作业，他一头扎进学校图书馆，像阿里巴巴发现了宝藏。《哲学原理》《光线说些什么》《宇宙与物质》，他的阅读面很广，物理世界在他眼前展现出神奇的魔力。牛顿、居里夫人、爱因斯坦等人的人物传记，令他感受到科学家改变世界的力量。那幢历史悠久的教学楼，留下了他孜孜不倦读书的身影；圆拱形红色大门旁的墙角，是他每天中午背诵英语的地方。

一本黑色笔记本，密密麻麻记录了他高中时的阅读札记，3万多字，从月亮圆缺到宇宙起源，从"乒乓球中的削球原理之联想"到"人造卫星和天体物理学的将来"，不少段落旁还有钢笔手绘图。翻开这本半个多世纪前的笔记本，一名高中生旺盛的求知欲和奋发的志向跃然纸上，褚院士风趣地称之为"励志语录＋鸡汤"。他发现课本上的定律都以外国人的名字命名，便郑重写下自己的誓言："我们要争取在最短的时间内，达到在定律的队伍中有我们伟大的中国所发现的（定律）。"

高一时，学校举办科技活动。褚君浩突发奇想：图书馆书架上的书很容易蒙灰，能不能做一个机器，把书本上的灰尘吸走？他和几个同学做了个木框，又找来一个会转的马达，再放一把刷子，试图清除书本上的灰。可惜这只能算是个半成品，但对于从未见过吸尘器的高中生来说，已经是一次很有创新思维的尝试了。

走过学校传达室，褚君浩有时会留意看看，有没有来自杂志社的信。投出去的稿，就像放出去的风筝。那篇《四色问题的研究》，他特意用了笔名"思浩"。要知道这可是世界难题，稿子自然被退了回来。两万字的《相对—绝对观念的初步探讨》投到《物理学报》，也被退回了。失望是暂时的，对科学的探究始终如磁石般吸引着他。至今他依然保存着那张来自国内顶级物理学术杂志的收稿通知函。那是一个纪念，也是一份勇气。

那一阵子，为了招待老家亲戚，家里粮票用完了。褚君浩上学带不成饭，母亲就给他些零钱买高价点心。揣着这笔"巨款"，他暗暗盘算，买点心太不划算了。中午同学们都去吃饭了，他在校门口乘公交 15 路车，两站路，去旧书摊看书。就这样他省下了三顿午饭钱，用八毛五分换回上下两册的大学教科书《分子物理学》，如饥似渴地看起来。

对一个高中生来说，那些书还无法完全看懂，但这让褚君浩开阔了视野，打开了思考的空间。

（四）

物理，物理，还是物理，高考时褚君浩一连填报了三所高校的物理系。然而，考试分数让他傻了眼。物理如愿考了满分，作文却发挥失常，结果与理想的学府复旦大学失之交臂，被第三志愿上海师范学院物理系录取。期望有多高，失落就有多大。不过他很快调整了心态，这样开解自己：你不是喜欢物理吗？上大学就好像去剧场听交响乐，如果说考取复旦大学物理系相当于坐在前排，那么现在拿到的票是坐在后排，但不管坐在哪一排，听到的内容都是一样的。只要好好学，都能学到知识，都能取得成绩。

褚君浩意气风发地跨入大学校门。一次出黑板报，他写了一篇《勤奋＋智慧＝力量》的文章，署名为"坦牛"。同学好奇这个笔名的意思，他解释，就是"在平坦的大道上，像牛一样勤奋地工作"。其实，他暗暗立下志向，要成为像"爱因斯坦"和"牛顿"那样的科学家。

以优异的成绩从大学毕业后，褚君浩在一所中学当了10年教师。繁忙的教学之余，他并没有忘记为之痴迷的物理研究，和几位志同道合的年轻人组成了学习小组。当时大学教职员工住房紧张，他们全家挤在一间狭小的屋子里。为了不影响家人休息，夜晚他在走廊楼梯边搭一张帆布床看书。隔壁教授邻居见这个年轻人好学，就让他借用自家浴室。夜深人静，褚君浩在浴室门口铺张席子，坐在上面，膝盖上搁块搓衣板读写。在如此艰苦的条件下，他的第一篇论文发表了，以后又陆续发表了多篇文章。一个个走廊里度过的昏暗夜晚，看不到未来的光，他却总隐隐觉得，祖国建设一定需要科研人才。

当科学的春风吹遍神州大地，褚君浩考上了中国科学院上海技术物理研究所研究生，师从中国半导体学科和红外学科创始人之一汤定元先生，从此与红外物理结缘。硕士毕业时，他面临一道难题，是去美国深造还是在国内读博。20世纪80年代出国潮盛行，况且如他去美国，获得的奖学金将是国内读博津贴的20倍，只是会改变研究的方向。面对如此大的落差，褚君浩也曾犹豫过。最终他听从导师汤先生的建议，坚持自己的研究方向，成为中国第一个自主培养的红外物理学博士。

毕业不久，汤先生推荐他赴德国慕尼黑技术大学任"洪堡研究员"，完成工作后，褚君浩毅然回到中国科学院上海技术物理研究所，专注从事红外光电子材料和器件的研究。他始终记得在国外从事研究时，母亲殷切叮嘱：世界上最好的地方是中国。

（五）

当五年级的褚君浩用自制的望远镜看月亮时，他还不知道，差不多200年前，有位英国科学家弗里德里克·威廉·赫歇尔，痴迷于用当时最大的望远镜观测天空。根据牛顿的研究成果，日光由不同颜色的光混合而成，日光带来热量。赫歇尔不禁发出疑问，是否某些颜色的光携带更多热量呢？1800年初，他设计了一个实验装置，太阳光穿过玻璃棱镜分解成彩色光带，然后在不同颜色的光带中放置温度计。他意外发现，放在光带红光外侧的温度计比其他温度计的指示值都要高！这是一个了不起的发现，证实了太阳发出的光线除了可见光外，还有一种看不见的"热线"。由于位于红光外侧，因而被称为"红外光"。

正如褚院士喜欢的英文歌曲《YOU RAISE ME UP》的歌名和旋律，一代代科学家站在前人的肩膀上，科学研究围绕一个主旋律不断升华，最终才能有所突破。随着科学家对红外光的不断探索和研究，红外技术在各个领域发挥着越来越重要的作用。褚君浩等科学家不懈努力，经历了无数次的推演和实验，推动了半导体和红外技术的发展，改变了我国在这个领域被

"卡脖子"的处境，取得了令世界瞩目的成果。

说到褚院士的研究，碲镉汞这个名字有点拗口的主角不可缺席，这种材料是可以敏锐地感受到红外光的"眼睛"。20世纪80年代，褚君浩与汤定元、徐世秋两位科学家一起悉心研究，创造性地提出测量碲镉汞材料特性的公式，被国际上命名为CXT公式，至今，这仍是国际上判断红外探测器新材料、新结构的通用公式。高中笔记本上的梦想成真，他成了定律的命名者——CXT公式正是以褚君浩、徐世秋、汤定元三位中国科学家姓氏的第一个拼音字母命名的。

这道人们肉眼无法看见的光，既赋予了国之重器一双双慧眼，又投射到民生的各个领域。"玉兔号"月球车和"祝融号"火星车有了这双慧眼，可以探测月球和火星表面的物质成分；"风云"气象卫星有了这双慧眼，能够实时采集数据，为大气做"CT"，追踪飘忽不定的台风；发生地震等自然灾害，红外探测器可以争分夺秒找寻生命信息；疫情期间，红外测温仪大显身手，无接触就能测量人体体温；搭载红外相机的无人机还可助力找到水源或是矿藏……

红外技术前景广阔，空天科技、国防军事、智慧城市、低碳经济等无不与之密切相关，这些都是褚院士开展科普的话题。科普读物曾经引导他爱上科学，如今他成为科普"达人"。他是上海市青少年科学院院长，也是广受年轻人追捧的科普博主。去过他办公室的人，无不被桌上那只自己会喝水的"饮水鸟"吸引，想一探其中的奥秘。"做科普就要像'饮水鸟'，有趣的外表让每个人喜欢，里面包裹着知识。"褚院士如是说。

回望过去，从一个调皮的孩子、爱上科学的少年、痴迷物理的有志青年到卓有成就的科学家，有什么是始终没有改变的？褚院士的回答是：好奇心，求知欲，对新事物的追求，以及自己的见解。已近耄耋之年的褚君浩院士，依然在所从事的领域里探索，并保持着对新事物的敏锐。ChatGPT、人形机器人、传感器等，都是他感兴趣的。

和褚院士交谈，你会被他敏捷的思维折服，被他风趣的谈吐打动，更会被他率真的性情感染。他温润如玉，和煦的笑容有着孩童般的纯真；他博学多才，睿智的眼神透着沉静高远的光。

或许你想象不到，在红外物理界如大树般的褚院士，微信名是"小草"，微信头像也是一个草丛中的少年。少年时代如小草般自由生长，人生失意如小草般随遇，遇到困难如小草般顽强，成就斐然依然如小草般谦和。最重要的是，永远汲取外界的养料。这就是褚院士的写照。

小草是平凡的，却有着自己的光芒。褚君浩院士追寻的那道看不见的光，是物理之光，更是理想之光。他相信光，探究光，追寻光，最后自己也成为光，照亮后人的科研之路。

江欢成院士

他为上海造就一张城市名片
——东方明珠。

东方明珠一少年

沈红燕

（一）

在广东梅县有个客家山村——古田乡目睡岗。村子紧靠梅石路，梅石路连接着梅城和石正。因为这里总是上坡下坡，人们挑担挑得累了，就在岗上歇歇脚、打个盹，村子也由此得名。阿欢小时候听母亲这么说，觉得这是一个特别有人情味的温暖之地。1949 年后，村子改名"福瑞岗"，听起来洋气了些，却总觉得少了一点什么。

村里杂货铺对面有一棵榕树，离土两尺后就开始分叉，调皮的孩子就在分叉中填些石头，慢慢地石头竟然被包在树中。阿欢记得母亲曾讲过"榕树会吃石头"的故事，这种稀奇古怪的故事，大多是在夏天乘凉的夜晚，一大家子人坐在树下听母亲讲的。树权处又分出许多纤细的小枝，根须样轻轻垂落，又似乎伸向地面。不知道长了多久，小须也落地生根。这棵大榕树这样延续发展，中间一定会有波折，打雷、刮风之后主干如若受损，枝干就撑起了半边天。它们相互支撑，榕树就越来越茂盛。一个家也是如此。

有一个温暖的家，阿欢无论做什么，走到哪里，遇到多大的挫折与艰辛，内心总是无比笃定。家，是每个孩子成长的摇篮和起点。哪怕贫穷，也是一份独有的童年经历。心不苦，就不苦。

（二）

在贫农中，阿欢的家算是体面人家。衣衫虽是补了又补，但还不至于褴褛，干干净净就很好。兄弟姐妹个个喜欢读书，还都读得很好。

母亲操持着一大家子的生计。长期在家的有祖母、父亲、母亲、大嫂现新、嫂嫂慈梅、哥哥健成、欢成（大家都叫他阿欢）、妹妹惠琳、弟弟尚成和四个小侄子广聪、广明、广睿、广瑜，毕竟有十三张嘴要吃饭，实在不简单。家里的一点微薄收入就靠佃耕族上的"公尝田"，以及父亲在目睡岗凹风店①里摆摊，卖豆腐、仙人粄、卤味等。

13岁的哥哥健成（大家都叫他健哥），人比自行车没高多少，就出去谋生——骑单车载客。家里常常水都煮开了，就等健哥载了客人赚了钱，才有钱买米下锅。当哥的总是为这个家牺牲奉献得比别的兄弟姐妹多一点。一次，阿欢看到健哥骑车不慎摔破了膝盖，忍痛回家，简单涂了点红药水，又一瘸一拐地出门赚钱去。要不是家里实在揭不开锅了，谁家的孩子不被心疼着？

阿欢心里实在难过，总觉得很对不住健哥，但又不知道怎么办，只会说："我要快点长大。"可健哥说："兄弟姐妹没有这么多计较，好好读书，别

---

① 凹风店，店名。

想这么多。"等到三哥凯成当了兵，每个月往家里寄20元钱，家里日子才稍微好过一些，但依然十分清苦。阿欢看在眼里，记在心里，他也幻想能一夜长大，好为这个家遮风挡雨。

兄弟姐妹都跟大嫂钟现新亲近，阿欢也不例外。大嫂总能算好了阿欢考试的日子，会提前从粥里捞点干货，然后打个鸡蛋，做碗"卵丝粥"，来一点盐，一点葱花，就大声招呼："阿欢，快来。"等阿欢到了跟前，坐定，再淋上一点香油。阿欢顿时觉得满屋子飘香，那味道，就算神仙下凡都不一定吃得到。他舍不得独食，总要悄悄拨出一点留给妹妹惠琳。家里的其他人从不说，只是笑笑，喝着自己碗里都能照出人影的粥。

也许别的兄弟姐妹在不同时期也会得到大嫂的额外照顾，对阿欢来说，他只知道这一碗"卵丝粥"的美味，令自己心里一直暖暖的，说到童年的美好，这一碗粥就是不可或缺的！要知道在那个年代，只有逢年过节或农忙时，才能吃上一点干饭。空心菜、番薯叶是餐桌上的常客。最艰苦的时候，就只用油炒炒盐，再撒点葱花。母亲总是美其名曰"盐捞粥，香鸡肉；盐拌饭，香鸡蛋"。阿欢常常吃着盐捞粥，就真的感到自己吃到的是比鸡肉还香的美味；吃着盐拌饭，那真是吃上了比鸡蛋还好吃的大餐呢！有时候，粥太稀，母亲又将稀粥编成童谣，"一吸一条巷，一吹一个浪"。阿欢觉得母亲总是这样神采奕奕，简陋的小屋都能被她夸得亮堂起来。

被爱滋养的童年可以疗愈一生，每日里与十二个人一起喝粥的阿欢从不抱怨生活的不公与清贫。因为阿欢看到比自己家更艰辛的翠云姑家。翠云姑常常来借米，说是借，实际上也就是送。翠云姑家这么穷，但她整日笑呵呵。阿欢明白了，日子再苦也要微笑着面对。

直到如今，阿欢成了院士，依然觉得穷苦出身不是坏事，反倒成了他一辈子用不完的财富。一家人相亲相爱，清苦也是甘甜的。

（三）

阿欢疼爱妹妹惠琳在村里是出了名的。不知道是什么时候，从哪里传下的习俗，客家人家里的重活经常是女人干的，似天经地义一般，但阿欢觉得这不公平。

惠琳比阿欢小 2 岁，个子小小的，喜欢和阿欢一起做功课，做着做着，她好像突然想起什么事，放下功课就往外跑。阿欢有时候看书入迷，妹妹出门了都没发现。等他回过神来，也一下子从板凳上跳下来，拼命往外跑。

村里人看见了，就常笑着问阿欢："妹妹又走丢啦？"阿欢似乎觉得自己做错事一样，脸一红，头一低，不好意思地赶紧去追惠琳，他总能猜出惠琳去哪里，去干什么了。

惠琳总是抢着干活，可是她个子太小了，挑水的水桶几乎要拖到地上，上台阶时，好不容易担来的水，还要再洒掉一些。阿欢特别心疼惠琳。在长长的石路上接到担水的惠琳，阿欢非要接过担子，"这么重的担子总压着你，你还怎么长高呀"！惠琳最听欢哥的话，又觉得过意不去，只好将担子慢慢地挪给欢哥。村里人总是啧啧称赞："老天实在不公平，梅师（母亲的昵称）家的孩子就这么优秀，读书好，感情好，样样好。"

阿欢和惠琳在长长的来回担水的路上，讲学校里发生的小秘密，讲看过的书，也讲堂姐家今天喝的粥可厚了，可就是没有和惠琳分享的那碗"卵丝粥"那么香……

人穷志不短。家里兄弟姐妹多，却从不打架、拌嘴。大家相互体谅，热爱劳动，总想尽早帮家里一把。友爱、责任的种子悄悄根植在阿欢的心中。一个孩子最好的成长环境，莫过于此。

（四）

四叔坤生关爱从未谋面的侄辈，托人捎回很多笔记本、铅笔、橡皮。大家都很开心。阿欢摸着这些笔记本，十分欢喜，特别希望能得到一本。

阿欢会读书，爱读书，成绩也好。父亲终于奖励给他一本笔记本，那是他特别珍爱的礼物。每一页，每一行，都一笔一画认真地写，没有一页浪费。写完的笔记本更舍不得随便处理，端端正正地摆放在纸板箱里，堆成小山一样。

不知道父亲从哪里弄来一些纸张，反面是空白的，阿欢就在上面打草稿，直到没有一处能写字为止。有时候父亲还在这些纸张的反面写信，寄给亲人。兄弟姐妹努力读书的气氛，让阿欢觉得读书很愉快。每天晚上，兄弟姐妹围坐在煤油灯下一起读书，实在温馨。

父母是孩子的第一任老师，孩子都是看着父母的背影长大的。小时候养成的好习惯，让他终身受益。即使后来阿欢成了院士，他完全可以买更多精美的笔记本，但他依然青睐最简单的工作手册，还在每一本手册上标注数字，这些手册整整齐齐地排列在他的办公室抽屉里。这份严谨与珍惜，大概就是从小印刻进生命里的。这份家庭财富归纳起来就是八个字：吃苦、勤劳、节俭、仁慈。

（五）

家乡如此贫穷，以至于没有什么东西会被丢弃，乃至看不到垃圾。

没有吃剩的东西，就算有难以下咽的谷米糠，也成了鸡鸭的美餐；没有穿剩的东西，破衣烂衫一片一片糊起来，能做成鞋底；没有塑料包装盒，所有货品都是零拷零卖；山上的枯枝松毛，是小孩的劳动功课，捡拾回家做柴火；茶饼用来洗头，甘蔗渣在树下堆肥；稻秆烧灰肥田，禾头踩入土中是每年必做的活；墙角的碎缸烂瓦可以铺路，未烂的木板成了小溪的桥板……真是物尽其用，好像根本没有眼下的垃圾处理和环境污染问题。

阿欢和弟弟尚成清晨起来，揉揉眼睛，晕头晕脑地就要出门捡拾马屎牛粪。他们自己也常常憋着屎回家，一堆屎可以肥好几株禾呢！每次捡回来的粪，阿欢就将它们堆在自家田的一角发酵。插秧时，兄弟俩就帮着母亲、大嫂一起将发酵过的肥料和泥搅和成糊状，装进秧盆。一株禾，一把粪土。发过酵的粪土，阿欢一点都不觉恶心，反倒还觉得多了点泥土的芳香。那时没有化肥，粪和尿就是最好的有机肥。掺杂着对丰收的期望，再加上自己的劳动果实特别有价值，阿欢尽力为这个家做点力所能及的事情。

这种物尽其用的生态环保做法是值得推崇的，因为地球承受不起太多的掠夺和破坏！

物尽其用也可以理解为，为每一件东西找到它的意义，让一切回归本来应有的样子。我们说的"变废为宝"大概也是这个意思：没有真正的垃圾，它们只是被不小心放错了位置。

人也是如此，找到适合自己的位置，才能更好地发光发热。

（六）

家里的欠条不是父亲一个人欠下的，那是全家在最艰难的时刻，亲朋好友对整个江家的支持，所以父亲教育孩子们要感恩，"滴水之恩，要涌泉相报"。

父亲能写一手好字，他认真对待所负债务，一笔一笔记录清晰。但他人在父亲摊子上的欠债，父亲只记在小黑板上，写不下了，就把前面的欠债一抹了之。父亲说："大家都不易。人家欠我们的，有能力的早还了；没能力还的，不用记得那么清。""难得糊涂，吃亏是福"也是阿欢从父亲身上习得的，但欠人家的不能忘记，记下来，日后一笔一笔慢慢还。父亲一生忠厚，受人尊敬。他以身作则地教育子孙要清白做人、老实做事。阿欢遗传了父母的基因——父亲的老实，母亲的聪慧。

"父母都不善言辞，却用他们的行动教育子孙，影响周围的人们。"阿欢从小被父母这样教育，他也这样教育自己的子孙后代。心怀感恩，方可远行。

（七）

母亲是一个童养媳，只读过小学一年级，但明白事理。她操持一家人的生计，从来不跟任何人红脸，衣服缝缝又补补，看起来是破旧了一些，却是端端正正、干干净净。祖父十分喜欢母亲，总表扬她聪明。

阿欢家有一小片果园，品种还真不少，有龙眼树、柚子树、枇杷树、黄皮果树。母亲常常在龙眼树下给孩子们唱歌、讲故事，也大大方方地讲她读书时，老师对她的夸赞，"满堂男子不及一女"。

夏天的傍晚，太阳一落山，似乎也带走了一整天的炎热，那是一家人最欢快的时光。孩子们将桌子、板凳高高低低地摆在龙眼树下。辛苦劳作一天的父母，坐在正中央，桌上一壶凉茶，一点黄皮果、一些花生等时令，纳凉晚会伴着虫鸣蛙叫，在皎洁的月光下拉开序幕。

母亲天生一副好嗓子，她只要一开口，青蛙也得静下来倾听。"月光光，秀才娘；骑白马，过莲塘；莲塘背，种韭菜；韭菜花，结亲家；亲家门口一口塘，养个鲤么八尺长；短个拿来交酒食……"母亲的说唱娓娓道来，韵味十足。孩子们是百听不厌，津津有味地一起摇头晃脑，一场顶顶时髦的"露天音乐会"别开生面。

阿欢会唱歌，大概是遗传了母亲的基因。"月光光，好种姜；姜碧绿，好种菊"，阿欢起个头，大家就跟着一起大合唱"菊打花冇油煎冬瓜……"一曲毕，照例收获满院子的欢声笑语。这用客家话讲起来格外有味儿，不用多解释，浅显的含义，大家都懂。轻松的氛围，不仅消除一天的疲劳，还将一个清贫的家紧紧地凝聚在一起。

母亲说说唱唱时，手里或纳个鞋底或缝缝补补，一点儿都不耽误："往年古怪少……"阿欢机灵地接下半句："今年古怪多，月亮西边出，日头东边落。"兄弟姐妹都来了，大家开动脑筋，你一句，我一句："板凳爬上壁，天上绫罗地下裁。灯芯打破了锅，河里的石头滚上了坡。古怪多、古怪多……"反正就是要挑搞笑的、古怪的编，越离奇，越好玩，越有创意的，越能得到掌声与笑声。邻居们常常被这时髦的"露天音乐会"吸引过来，龙眼树下就是好大一个家。

等大家都安静下来，偶尔听到几声呱呱叫的时候，母亲又换了一个调子："苏武留胡节不辱，雪地又冰天，苦忍十九年，渴饮雪，饥吞毡，牧羊北海边……"阿欢最喜欢听母亲讲故事，常常听得入迷，也会盯着母亲问："后来呢？"母亲笑而不答，只是淡淡地说："以后读书了，先生会讲。"

母亲的启发性引导放在现在，简直就是育儿高手，先激发孩子的学习兴趣，然后引导孩子自己去阅读去探索，学习的兴趣有了，好奇心、内驱力也自然而然被激发了。母亲的童谣总是这么新奇，也不知道她脑袋里装了多少故事、多少童谣。母亲教过许多儿歌，全部不用死记硬背，一听就懂，一学就会。关键是引人入胜，让人说来兴趣盎然，她也有了"梅师"的美名。

母亲的无心插柳，让阿欢整天乐呵呵的，时不时来一段。他唱起歌来，字正腔圆，饶有韵味。阿欢还当上了中学合唱队的指挥呢！那一组由张文泉老师编排、钟清扬老师钢琴伴奏的《黄河大合唱》，双声部错落有致，唱起来节奏鲜明，嘹亮又慷慨激昂，激励了不少年轻人。阿欢在进入清华大学之后，还参加了清华大学学生文工团，当时文工团的学生读书成绩居学校平均水平之上，优秀毕业生颇多，胡锦涛、华建敏、陈清泰等领导均是当年文工团的骨干。

文学与艺术在阿欢心里，从来都不是那样的泾渭分明。一颗真善美与团结协作的种子,在他幼小的心田萌芽。它给予孩子成长的力量,如海水般无法斗量。所有大人都有一份责任,要将我们脚下这片热土上发生的故事、优秀的人物、好听的乐曲,放进孩子的童年里。阿欢觉得好多知识、故事都藏在母亲的歌谣里。那些儿歌、童谣如此富有生命力,在天马行空般的发散思维中,叫人认识许多东西——地理历史、医药卫生、人物事物。

如今的阿欢已经八十多岁了,眯上眼睛回忆母亲的启蒙时,还觉得当时的情景历历在目,哼唱几段,可以回味很久。如今他回到家乡,最幸福的事情,依然是坐在龙眼树下,和往昔的小伙伴,如今的老伙伴们还原一个"大合唱"。这独特的纪念母亲的方式,感人肺腑,催人泪目。

阿欢说他在填写高考志愿的时候,脑海中忽然冒出杜甫的诗句:"安得广厦千万间,大庇天下寒士俱欢颜。"于是,他写下"清华土木"4个字。这从诗歌里瞬间迸发的力量与灵感,成就了阿欢一生的梦想。

把握人生的关键,有时候只是几秒钟,或只是一句诗。本来阿欢是想考建筑的,但清华大学的建筑比土木工程难考,他怕考不上,就填了土木工程,他想土木工程跟建筑比较接近。于是入了这行,干了一辈子。

建筑是凝固的音乐、钢砼的史诗。江欢成院士更爱说,建筑是跳跃的音符。童谣与诗歌、音乐和建筑,成就了江院士的一生。

(八)

面前的耄耋老人,拿着笔记本,端正地坐在椅子上,时而闭着眼睛在听、在思考,时而在笔记本上记录着。这虔诚与谦逊令我心生敬畏,明明在他面前，我才是小学生。

身后的书柜，整整齐齐地排列着东方明珠建造过程中所有的手记、影像及图片资料，分门别类，井然有序。打开抽屉，一本本工作手册从最小的数字 1 开始排列，已经排到了 105……

书桌上，一头泥塑的小牛正在向一头坐姿端正的老牛汇报工作，小牛讲得投入，老牛听得入迷……说到这件雕塑作品，江院士满脸慈祥与知足。原来那件作品是孙子所作，爷孙俩都属牛，小牛正在向老牛汇报工作进展呢！

打开江院士写的孙子的成长日志，满纸的慈爱与温情，事无巨细，图文并茂，有孩子成长中掉了第一颗牙齿，也有上学时被老师批评又如何解决问题……最令我动容的是最后一页，竟然记录了曾经带孩子长大的所有阿姨的信息，从哪一年开始，到什么时候结束，还有阿姨的联系方式。江院士说："这些阿姨很辛苦，她们生活不易，将来需要帮助，我们不能忘记。"

对待家中的阿姨如此体恤，对待亲朋好友更是如此。江院士在整理东方明珠设计者的名单时，细心地把所有参与设计、给予他创作灵感与启发的人员，都逐一记录在册。

这已经不仅仅是一个习惯，一份感恩之心，更是一种细致入微的科学精神——精细，精细地对待身边的每一个人、每一件事。

科学来不得一点点偏差，所谓"差之毫厘，失之千里"。东方明珠的设计与建造是百年大业，怎么可以有一点点的偏差？精益求精的科学精神不就是精细地关注到每一个细节吗？

然而江院士总是谦虚地说："不是我优秀，只是我运气比较好，赶上了一个好时代，又沾了改革开放的光，上海的崛起让世界感受到'明珠'的光芒，是团队的努力让上海有了中国人自己设计的标志性建筑。"他这么说的时候，凝视远方，仿佛回到了当年的没日没夜，风雨兼程……

华灯初上，东方明珠11个大小不等、错落有致的球体熠熠生辉，真是"大珠小珠落玉盘"呀！相较于历史长河，东方明珠犹如一个小小少年。而今这位明珠少年的259米高空，又呈现出"明珠花开"的新景，观光者可以通过"凌霄步道"在更开阔的天地间放眼上海。那是江院士不断创新，不断完善，为东方明珠做了设计的优化和创新，在直径45米的上球外侧设计了一道可以开启的玻璃观光环廊。

恍惚间，似乎能看见阿欢家门前的那棵龙眼树。盛夏的傍晚，这位东方明珠少年和兄弟姐妹围坐在龙眼树下，听母亲娓娓道来……

秋天，孩子们似乎都长胖了一点，真是龙眼养人呀！

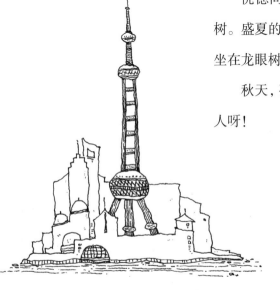

谭蔚泓院士

他运用"靶向治疗"，

点亮生命之光。

小小胖子大国院士

黄华旗

（一）

"小小竹排江中游，巍巍青山两岸走，雄鹰展翅飞，哪怕风雨骤，革命重担挑肩上，党的教导记心头……"

"小小竹排江中游，滔滔江水向东流……"

在洞庭湖畔的堤岸上，传来了一个小男孩一串串又一串串的歌声，嘹亮的歌声飘荡在天地间，点点滴滴，洒落在湖畔四周行人的心田。歌声那么清澈，那么动人，就像那一泓潺潺的细流……

歌声刚落下，一位过路的老爷爷带着一个小女孩走上前来。

"小朋友，你歌唱得真好！是从哪里学来的？"

小男孩甜甜一笑："老爷爷好！我是从电影《闪闪的红星》中学来的！"

"那我和外孙女也看了电影《闪闪的红星》，怎么没有学会呢？"老爷爷继续发问，"你能告诉我，学会唱这首歌的诀窍是什么吗？"

小男孩看了一下老爷爷，他下巴上长满了白胡子，又看了一下小女孩，她小脑瓜两边有两条小辫子："是我妈妈教的。我妈妈是五星小学的音乐老师，我刚才唱的歌就是我妈妈教的，我妈妈还会教数学呢！"

"原来如此，真好！你有一位做教师的母亲！"爷孙俩眼中流露出羡慕的神情。

"五星小学的老师我全都认识，你妈妈叫什么名字？"

"我妈妈叫蔡琰如。"

"松下问童子，言师采药去。只在此山中，云深不知处。"小女孩突然高声朗诵起唐代诗人贾岛的《寻隐者不遇》。

"这是我外公教我的！"小女孩也想显示一下自己的本领，老爷爷欣慰地点了点头。小男孩拍手鼓掌："小妹妹诗朗诵很棒！"

"哥哥，你的外公教你背唐诗吗？"小女孩问。

"我出生到现在，没有见过我外公的面。他是地下党员，解放前就牺牲了，他是被日本鬼子枪杀的。"

"那你是革命老干部的后代！"老爷爷补上一句。

小男孩眼眶湿润，转过身子……

这个唱歌的小男孩叫"小胖子"。

20世纪60年代初的一个中午，那一天，天气晴朗，春光明媚，洞庭湖畔的南岸街，五星小校的校舍里，诞生了一个小胖子，小胖子出生在一个教师家庭。

说也奇怪，小胖子的父亲是个语文老师，名叫谭述良，文化人，儿子却一直没有一个正式的名字。小胖子从出生到8岁上学前，一直叫"小胖子"，因为那个时候没有什么报户口，也没有什么身份证要出示。

8岁的小胖子要上小学了，再叫"小胖子"，会被班级同学笑话的，于是当语文老师的父亲只得给儿子起了名，叫谭卫红。"卫"是保卫的卫，"红"是红颜色的红，意为保卫红色政权。

保卫红色政权，"谭卫红"（大学毕业后改名为谭蔚泓）这个名字有那个时代的特色。

谭卫红上的小学是五星小学，在湖南省益阳市茈湖口镇上，也是周边最好的一所学校。

"我当时记得最清楚的，去学校上课第一天，老师发给我的语文课本是一本小红书——《毛主席语录》，内有许多条让我终生难忘的语录。当时上课，没有像今天的小学生那样从学拼音开始，也没有学三字经，也没有千字文、百家姓，我们是从学《毛主席语录》开始的。我上小学时，谈不上对哪一门功课有特别的兴趣，但对《毛主席语录》还记得不少。"

翻开语文课本《毛主席语录》——

最有志气的一句话：自己动手，丰衣足食。

最正气凛然的一句话：人不犯我，我不犯人；人若犯我，我必犯人。

最激励人克服困难的一句话：下定决心，不怕牺牲，排除万难，去争取胜利。

最像长辈说的一句话：好好学习，天天向上。

最理智的一句话：前途是光明的，道路是曲折的。

最高瞻远瞩的一句话：中国人民有志气，有能力，一定要在不远的将来，赶上和超过世界先进水平。

……

（二）

"我上小学最方便，因为我的家就住在学校里面，我的父母都是老师。"

"我小时候最喜欢的文化活动，就是晚上看电影，而且都是看露天电影。放映露天电影的地方不是固定的，而是经常变动的。"

"一个公社有两个电影放映员，他们把放电影的机器设备装在一辆自行车上。晚上轮流到公社所属的各生产队播放，播放地点有时离我家有两三公里远。当有消息知道要去看电影了，我们早早吃好晚饭，就赶到将要放电影的生产队。很远就看到一块高地上面，有一块方方正正的大白布张开着，大白布被牢牢地挂在早就搭好的木架或竹架上。有时刮大风，白布被吹得一边鼓鼓的，一边凹进去。有时，两个生产队同时放一部电影，因为片子不多，需要'跑片'。一部电影有四个胶卷盒子的话，一个生产队放完第一盒胶卷后，胶卷要马上送到另一个生产队去播放，这叫'跑片'。如果一个队放完一盒胶卷，第二盒胶卷还没有送到的话，需要等一段时间。在等待的过程中，有经验的放映员会插播一些新闻纪录片给大家看，也挺好看的。"

"有一次正在看电影《草原英雄小姐妹》，已经是最后一盒胶卷了，银幕上正在刮大风下大雪，银幕外下起了毛毛细雨。我没有带雨伞，看完电影，身上衣服都被雨淋湿了，回家第二天就感冒发烧了。"

"露天电影是不用买票的，只要你想看就可以去看。有时人太多了，场地不够大，挤不进场子里去，可以到银幕的反面去看，只是图像左右交换了位置，但声音照样能听到。"

"如果放电影的生产队距离我家近，我会和姐姐、妹妹、爸爸、妈妈一起去看，肩上扛个长条板凳去，大家就可以坐着看；如果去距离我家远的生产队看露天电影，很多时候就只能站着看，头顶满天的星星。看着有趣的电影故事，没有烦恼，只有快乐。一部电影通常90到100分钟，站着看就站着看。有一次，一连放了两部电影，长时间站着，腿脚实在吃不消，就直接坐地上看……"

"小时候我就喜欢看电影，看小英雄潘冬子、张嘎、胖墩、龙梅、玉荣……小英雄心地敞亮、勇敢、机智的形象，深深地印在我的脑海中。"

"特别是看了《小兵张嘎》，里面有张嘎与胖墩摔跤比赛的情景，我这个小胖子也跃跃欲试，想在同学和小朋友面前露一手，试试我的力量。于是，一到下午学校放学，我们十来个同学就约好，到洞庭湖堤岸上一起'打仗'。有单挑的摔跤比赛，有分成两队玩掷泥巴游戏，直到有一方承认打不动了，认输了，再交换场地，重新开打。同学们玩得汗流浃背，玩得气喘吁吁，有的甚至玩到躺地不起，仰望天空飞鸟掠过，仰望天空彩云飘飘，看火烧云，看云卷云舒。"

"玩得衣服上全是汗臭味，回家后姐姐赶紧叫我把衣裤换下来，然后帮我洗掉，免得被妈妈知道后又要挨一顿批评。比我小两岁的妹妹见到我立刻转身，还捏着鼻子说'小胖哥，臭、臭、臭'……"

（三）

　　"我喜欢吃鱼，妈妈一个月的工资 18 元，分不出钱买鱼给我吃，我就跟着比我大两岁的姐姐到池塘去网鱼。有时仅用两个网兜就能满载而归。"

　　洞庭湖边的池塘大大小小，方方圆圆，长长扁扁，深深浅浅，形态各异，星罗棋布，淡水鱼资源非常丰富。

　　"我和姐姐用自制的大网兜也能抓上一些鲫鱼。这种捕鱼方法呢，算是益阳当地历史比较久远的一种传统方法。一般是选择池塘有水草的浅水区，在有水草的地方，快速从两个方向夹击，将网兜抄进水中，再连同水草一起捞出。一般情况下，只要草堆里有鱼，基本都不会空网。"

　　冬天气温较低，鲫鱼通常会找那种水下水草较多的水域待着，在水温和水位没有太大变化的情况下，它们不会轻易离开自己的领地。这就是这种简单的方法总能抓到鱼的原因。

　　"但有时也会发生意外，我差一点被池塘的鱼给'抓'去。有一次放学后，我和姐姐去一个较大的池塘边捕鱼，天气特别冷，手脚不太灵活，大网兜包抄进水中时，我用力过猛，网兜的竹竿手柄折断了，我掉进了池塘，水漫过了我的肩膀。幸亏姐姐灵机一动，用大网兜朝我头上抄过来，我伸手抓住了网兜，被姐姐像拖死猪似的拖上了岸。第二天我就高烧发到 39℃，生病了。"

　　"为此，姐姐被我妈一顿臭骂，还被骂哭了呢。'你是怎么当姐姐的，这么不当心自己弟弟，要是弟弟在池塘里再多待一会，就会冻死……'姐姐很委屈，还是爸爸出来主持公道，说妈妈不该骂姐姐，反而应该给姐姐记上一功，是姐姐用大网兜把小胖子拉上了岸。自从那件事后，爸爸就不许我去池塘捕鱼了，直到夏天时才开禁。"

"那次网兜捕鱼的凶险，我至今还是心有余悸。"

（四）

"我的爷爷人称谭四爷，是一名木匠。他的木工技术那是没话说的，在湘潭当地是响当当的，离毛主席的家乡韶山只有五十公里路。爷爷一路做木匠，吃百家饭，做哪家木工活，就吃住在哪家。湘潭离益阳相距一百二十多公里路，爷爷做木工，串村转巷，沿着西北方向走，木工活一路做到益阳，在益阳娶了我奶奶，然后安营扎寨，成为益阳人。实际上，我家是从湘潭到益阳的'移民'。"

"我跟着爷爷学过木匠，凿榫眼、刨木块、刨木条这些基础活我都干过。我最喜欢我的爷爷，爷爷也特别喜欢我，我跟爷爷特别亲。"

"只是爷爷在我 12 岁那年生病去世了，享年才 60 岁，我很伤心。"

"我爷爷有尖尖的胡子，虽然白发苍苍，但是脸上总是挂着笑容，他的声音和蔼可亲，他是我最棒的爷爷。"

"爷爷会刻各种各样的花纹图案。比如在椅子、凳子、圆台、方台、双门橱、三门橱、五斗橱的正面或侧面雕刻上荷花、牡丹花、大丽花、老虎、狮子、凤凰、知了、蝙蝠、金鱼、鲤鱼、元宝、谷穗和橄榄枝等图案。老虎、狮子的图案一般用在家具的四个脚上，凤凰的图案通常用在五斗橱的镜子两侧的装饰木板上。"

"爷爷做木工一丝不苟，非常认真，经常眼睛死死地盯住干活的地方不动。爷爷锯的木块方方正正，线条笔直。爷爷在干活的时候，有时还会坐在凳子上想一想，考虑好了再继续干，只要爷爷考虑好了，一干就是一天，连水都可以不喝，我提醒他一句，他才会停下来，起身去喝水。"

"我小的时候，寒暑假里经常跟着爷爷出工。每次出工，我心里都十分高兴，因为我又可以让爷爷教我搭'木房子'、做'木宝剑'、车'木铃角'……"

"在爷爷的熏陶下，我也渐渐地找到了一些做木工的门道。"

"有一次，有一户人家要求爷爷到他家做三扇木门。他们拿出事先准备的木料后，爷爷拿下架在耳朵上的铅笔，掏出卷尺，边量边做记号，眼睛都不眨一下。接着，爷爷从随身带去的工具箱里掏出一把锯子，开始锯起木料来，我的眼前满是爷爷晃来晃去的身影，耳边满是'呼嚓呼嚓'的声响，一切都是那么的有节奏。我呢，便在一旁帮衬着，拿墨斗在木料上弹直线，递毛巾，递水，收拢木屑，不让木花散得满地都是。"

"一连干了三天，第三天爷爷一边安装木门，一边教我安装的时候一定要细心再细心，一旦有偏差就前功尽弃了。爷爷还把剩下的木料做了一个小方桌送给主人。结账时，那户人家多给了爷爷十元，说：'这是额外给你的辛苦钱，带着孩子买点零食吧！'爷爷一口回绝了：'不用了，这十元钱不是我分内的钱，不能收！'说着，他背上工具箱，拉着我走了。"

"路上，爷爷粗糙的大手似乎变得更温暖了。"

"月光下，爷爷的影子似乎更高大了！"

"爷爷的那句'不是我分内的钱不能收'，一直回荡在我耳边……"

"我想，我也许已经懂得了做木工的艺术。"

"我的爷爷特别善良，善良到什么程度呢？我记得有一天中午，家里面的人都围着桌子在一起吃饭，突然一个'叫花子'来要饭，爷爷二话没说就把他请到餐桌上跟大家一起吃。他的这种善良，表现在他对人的真诚。"

"我长大以后，也追求这样一种品格，与人为善。希望自己的工作能够至善至美，然后对弱势群体有怜悯之心，对家人有爱心，对社会有责任心。这都是爷爷教我的。"

"爷爷乐于助人，精益求精，与人为善，这些品格深深地影响了我。"

（五）

"在我爷爷那一代，我们谭姓人家是木匠。但是到了我爸爸和我这一代，就没有木匠了，基本上都成了老师。也就是说，谭家从湘潭移民到益阳，第一代是木匠，因为爷爷自己做木匠很辛苦，所以他把两个儿子都培养成了知识分子，我爸爸是老师，我叔叔也是老师。"

"我们谭家说不上是书香门第，但是有一点书香。同时，又有劳苦大众的基础。"

"今天回忆起来，可能恰好因为谭家既有劳苦大众脚踏实地的精神，又有一些文化知识，所以才能拥有更广阔一点的视野。"

"我妈妈这边的历史更长一点。我外公的老家在苏州。他是地下党员，年轻的时候参加了各种各样的社会活动，慢慢从苏州来到了益阳。我妈妈跟着外公，从苏州来到益阳，我爸爸跟着爷爷，从湘潭来到了益阳。外公和爷爷都在益阳安营扎寨，我爸妈当时都在益阳师范学校读书，之后他们互相认识，然后结婚，才有了我和姐姐、妹妹三个孩子。"

"关于我的小名叫'小胖子'，是母亲生我的时候，接生婆告诉我爸'生了个胖小子'，我爸就跟着接生婆叫：'啊，生了个小胖子！'后来就这么叫开了。按说我是上世纪六十年代出生的孩子，生活都比较艰苦，经常没有什么东西吃。我小的时候，眼睛常常盯着一个绿色的饭碗，还用小手使劲去抓另一个绿色饭碗，总觉得吃不饱似的，还想吃。我也不知道，后来竟然变成了一个真正的小胖子。"

"学校校长开玩笑说：'你妈妈有点偏心，重男轻女，把好东西都留给你吃了，把你姐姐和妹妹经常饿在一边。'"

"可我奶奶说：'你长成这么个胖子，是爷爷特别疼爱你，经常偷偷地在你口袋里、书包里藏红薯干和煮鸡蛋。'其实，我也不知道自己成为胖子的真正原因。"

那个年代，小孩子有一个煮鸡蛋吃，也是乐事一件。

（六）

"在上小学时，和我最要好的同学叫智谋，他个子比我高，人比较瘦。我们经常结伴去洞庭湖大堤上玩。堤岸两边的柳树大大小小，斜坡上长满了草，风吹草动杨柳飘。"

"有时我们做游戏，智谋藏在柳树后面，我找不见他，而我躺在茅草丛中，他也没有发现我。玩打仗游戏时，智谋总是和我在同一个小队。他足智多谋，可能和他的名字里有'谋'字有关系。冲锋的时候，他总是把我推在最前面，我来当冲锋队长。但当我碰到'敌方'偷袭遇险时，他总是能及时出击，帮我化险为夷。眼看有一块泥巴要击中我的脸时，他赶紧用手把我推开，避免我头上'中彩'；眼看有人俯冲要抱我脚，企图摔我的时候，他毫不迟疑，张开双臂用自己的身体扑向'敌人'。"

"我俩经常一起玩打仗游戏。在两队的交锋中，他是我们队的灵魂和指挥。为了感谢智谋，我请爷爷帮忙制作了一盏煤油灯送他。油灯是用常见的墨水瓶子做的，但灯座很别致，是用枣木雕琢的，镂空的鹅蛋壳造型，精巧玲珑。"

那个年代，许多农村还没有通电，没有电灯，家里有一盏煤油灯，也是不错的。

"上初中的时候，我印象最深刻的还有一位女同学，她的小名叫娟娟。这个同学特别聪明，也特别漂亮。浓眉毛，大眼睛，衣服穿得整整齐齐，后脑勺上扎一条乌黑的长辫子，辫梢上还箍着橡皮筋，绕着红毛线。"

"她做事积极、能干。读书成绩又好，作业本清清爽爽，经常受到老师的表扬，也是全班同学学习的榜样。记得我俩还合作过一个节目。"

"在一次学校召开的家长会上，我俩同台表演，朗诵毛主席的词《沁园春·雪》。"

"她用中文朗诵'北国风光，千里冰封，万里雪飘……'"

"我用英语朗诵。"

天底下就有这么巧的事。

"事有凑巧，这位小名叫娟娟的女同学，恰好是当年我在大堤上唱《闪闪的红星》主题曲时，朗诵唐代诗人贾岛的诗《寻隐者不遇》的那个小姑娘。"

向班级里的好同学看齐。

"我当时在班级中成绩是比较好的，可以说是处于班级中等偏上水平吧，还曾被评为学校'五好学生'。'五好学生'是指在德育、智育、体育、美育、劳动五个方面都很优秀的学生。学校校长还亲自为我颁发了一纸奖状，但没有奖品。"

"爷爷看到我在学校获得了一张彩色的奖状，高兴得眼睛眯成了一条线，笑个不停，还破天荒地去集市上买了大鲫鱼和猪肉，做了葱爆鲫鱼和红烧肉给我吃，作为奖励。"

（七）

"小时候，我家里喝的水、用的水都是洞庭湖水。平时我做的家务主要是挑水。用两只水桶、一根扁担从湖中挑水回来，然后倒进自己家的大水缸。烧开水时，直接用大木勺子从大水缸里取水，然后放锅里烧。用废纸和小木块生煤球炉，煮米饭，对我来说都是小菜一碟。"

在那个年代，小学读五年，初中读两年，高中读两年。

"我读高中的学校离我家有十公里路，我当时还是比较喜欢交朋友的，原因是我奶奶曾给我讲过《三国演义》的故事。虽然奶奶不识字，但她记性好，悟性好，又经常去镇上书场听书、听唱戏，传统剧目《武松打虎》《武松醉打蒋门神》《杨家将》《梁山伯与祝英台》等，奶奶在家里都给我讲过……"

"我小时候有相当长的一段时间是和奶奶、爷爷一起生活的。奶奶讲故事非常生动，激动的时候站起身来，比画一下动作、劈一下空掌、踢一下腿、做个马步站桩，还会弓步冲拳、使个眼神等。我听着听着也站起来做一些动作，使个眼神。奶奶双腿跨坐在春凳上，左手按住春凳，右手高高地举起拳头，做武松打老虎的动作，我也学着双腿跨在小板凳上，跟着做武松打虎的动作……"

"奶奶故事讲累了，我就用两个小拳头给她捶背，奶奶还夸我'小胖子最乖'。"

"《三国演义》中刘备、关羽、张飞在桃园结义，'出门靠朋友'的江湖义气，经常在我脑海中浮现。高中时，我有三个相处较好的同学，我们还去关公庙点香、发誓、磕头，结拜成了兄弟，做过各种各样调皮捣蛋的事，这增添了我爸爸、妈妈的烦恼，也令学校和老师非常头痛……"

"但从另一面说，我从小就有一种要跟别人一起做事的团队精神。我比较喜欢与人打交道，借助大家的力量一起来做事，这种风格，我觉得应该是与团队紧密相关的。"

（八）

谈起高考，现在的学生、家长和教师议论最多的可能是怎样提高学生的学习成绩，如何保证学生有最好的学习环境和备考条件，因为全社会都重视青年人才的培养与选拔，这对社会、对家庭和个人来说，都觉得是天经地义的。

但在五十多年前，却是另一番情景，学校停课，高校停招。多少家长忧心忡忡：孩子究竟能不能继续读书？能不能有机会参加高考？大学何时能够恢复正常招生？

"我父母亲因为职业的关系，思想很开明，非常重视对子女的教育引导。"

"在父母的潜移默化下，我好像从小就对自然科学有着浓厚的兴趣。"

"在益阳茈湖口中学读书期间，我数理化科目的成绩都很好，常常得到老师的表扬和父母的鼓励。"

"读完高中后，和许多同龄人一样，我成了一名下乡知青，在益阳市茈湖口公社邹家大队第三生产队务农。"

"就是在知青要靠劳动养活自己的那段时间里，我得到了完全不同于以往的锻炼。"

"到了农村，在农田劳动，我才真正知道了什么叫农村，也熟悉了真正意义上的农民。"

"农民生活艰苦，但不怨天不尤人，踏实诚恳又不乏睿智，勤劳淳朴还友善待人，给我留下了极为深刻的印象。"

"也就是这一时期，培养了我们这批年轻人不畏艰难、吃苦耐劳的精神。以后遇到任何困难都能迎难而上，这是当时打下了良好的基础。"

"在中学阶段，我是属于爱好学习的那一类学生。在农村劳动的那段时间，我还保持了学习习惯。即使生活条件艰苦，体力劳动也很累，但一有空闲时间，我就喜欢静下来看书学习。那时我就感觉到，书本里的知识有着无穷的力量，读书常常使我忘记了辛苦与疲劳。书中的大千世界令我神往，令我对未来充满憧憬。"

"那是一个秋天的早晨，生产队的上工钟声响过之后，大家都在村口空地上集合，每个人都在等生产队长安排劳动，一边听着村里广播喇叭的播音。这时，突然听到振奋人心的消息。"

教育部召开全国高等学校招生工作会议，决定恢复全国高等院校招生考试，以统一考试、择优录取的方式选拔人才上大学。无论是工人、农民、知青，还是复员军人、干部和应届高中毕业生，都可以参加高考……

这个特大消息，直击人心，牵动着全国亿万人的神经。

"这个特大消息对我来说，无异于秋日里响起一声惊雷，也可以形容为'久旱逢甘露'，一时间我心情十分激动。"

"当教师的父母更是喜出望外！"

"国家恢复高考的特大消息一经传开，小山村顿时炸开了锅，村里的同龄人都跃跃欲试，但是憨厚的生产队长却给了我当头一棒：'你就别做梦了，还是老老实实干活吧！'"

可能在生产队长看来，从早到晚在田间地头干农活的孩子，很难考上大学,读大学是可望而不可即的事情。

在当时,农村的环境和条件普遍较差,复习备考十分艰难。缺复习资料,缺老师辅导,全靠个人自学。

"对于学习,我一直很要强,也从未放弃过上大学深造的梦想。"

"我暗自下定决心,一定要参加高考,还要考出好成绩。"

"于是,白天我照常出工,参加劳动,晚上和大自己两岁的姐姐一起复习。"

恢复高考的特大消息公布于深秋时节,高考时间安排在当年的冬天,中间只有五十来天。

"复习时已经开始进入冬季,洞庭湖区农村的夜晚实在寒冷,父母都有些担心,而我一门心思都放在看书学习上,倒也没怎么觉得冷。"

"高考的时刻终于到来了,我当时的心情和许多考生一样,既感到新奇与兴奋,又有些紧张和不安。"

那年的高考是各省单独命题,理科考生考4门,语文、数学、政治,物理和化学合在一张试卷上。

"考试结束后,我又回到生产队,一边继续下地干农活,一边等待着高考结果。"

"那是在1978年的春天,一个阳光和煦的好日子,那天我还在农田里干活,突然而至的邮递员,满脸笑容地递给我一个厚厚的信封,从他手中接过来一看,竟然是大学的录取通知书!"

（九）

"接过入学通知书的那一刻，我不由得激动万分，同时在心里暗暗下定了决心，进了大学，一定不能辜负家人和家乡人民的重托。"

"这一年，我刚好18岁，成为全国恢复高考后的第一批大学生，可以说是那个时代的幸运儿，从此开启了全新的人生。"

"当时我填报的第一志愿是湖南大学化学化工系，第二志愿是湖南师范学院（现为湖南师范大学）数学系。录取结果是每个志愿各取了一半，我被湖南师范学院化学系录取了。"

"讲实话，当时我并没有对哪门学科有特别的兴趣，能够上大学，已经是一件非常伟大的事情了。"

"当年九月，我辞别父母，踏上了去长沙的求学之路。我自己立下了雄心壮志，所有这些成了大学四年努力学习的主要动力。"

这是一个青年学生人生观、世界观形成的重要四年。

"在那个特殊的年代，班上的同学年龄相差特别大，有的同学比我大十岁。作为班上年龄最小的学生，我特别尊重那些知识渊博、经历丰富的年长同学，经常向他们请教，而他们也成了我的人生挚友。"

"在学校，每天课堂、食堂、宿舍三点一线。"

那时的大学生都很珍惜时光，热爱学习，不放过得来不易的学习机会。

"我记得当时为了能坐在前面一点听课，每天必须很早就去教室占座位。"

"当年的化学专业分了大班和小班，通过考试，筛选了一部分学习成绩好的同学，组成小班。学校安排最好的老师教学。"

"后来我被分到'出国留学训练班'，更是下定决心要学好英语。"

"我学习英语的'笨'方法是背诵英语词典，背一页撕一页。"

"那时候的学生都挺爱学习的，我也算得上较为突出的一个，学校每晚十点熄灯，我就转移到路灯下看书。书包里总是装满书籍，由于书包过重，导致我两边的肩膀不一样高，因此同学开玩笑，说我的肩膀像学校操场旁的高低杠。"

学习上下了功夫，成绩自然也好。

"记得我那时的大学毕业设计是有机化学课题，得到了指导老师的一致好评，能够得到好评的同学为数不多。"

"硕士研究生时，我就读于中国科学院，彭少逸院士是我的导师。他讲过这么一句对我影响很大的话：'你对别人做的事，帮的忙，要忘记得越快越好；别人对你的帮助和鼓励要深深地、永远地记住。'"

"在我们国家改革开放、科教兴国的大背景下，我有幸被派往国外留学。"

（十）

"1987 年，我赴美国密歇根大学读博士，然后做博士后。其间，我偶然受到一篇关于光纤传感文章的启发，冒着延迟毕业的风险，开启了一个新课题。我的研究成果在《自然》杂志上发表，当时这是国际上最小最快的活细胞光学传感器。"

"1996 年那个时候，我选择在美国做教授，是由于当时在美国能够做我在中国做不了的事。"

祖国哺育成长，报效祖国时刻记心头。

"2010 年，我选择回国，是因为那个时候，我在中国能够做更多的事了。"

"我现在的研究工作，通俗一点讲，就是当人生病的时候，我们要能够找出得病的原因是什么，怎样去治疗这个病。"

"很早以前，我们都是看病看人。今天，我们对这个病的理解，已经从人体这个宏观的层面，到了细胞这个微观的层面，然后又到了分子的层面。我学的是化学，化学这个学科就是分子科学，所以到了分子这个层面以后，化学家就责无旁贷要参与到医学的研究中去。我们对疾病的认识，可以进入到分子的层面，搞清楚这个人得的是什么病，可以用什么样的分子去治疗，然后真正达到高效治疗、精准治疗的目的。"

"这也就是人们常说的靶向治疗。"

"现在有一种精准治疗，我们把能够发光的分子、能够杀死癌细胞的药物分子与能够靶向找到癌细胞的分子连接起来，一旦它们找到了目标癌细胞，癌细胞就会被点亮，药物分子继而把它们杀死，从而达到治疗的目的。"

"从恢复高考的首批大学生，到今天取得一些成绩的科技工作者，我深切地体会到，不管做什么事情，勤奋努力、不忘初心、专心致志是一个人最重要的品质，命运常常是掌握在自己手里的。"

什么叫科研工作？什么是科研精神？谭院士如此说："科研工作，要像小孩在海边玩建沙堡的游戏一样，破坏一个旧的，建立一个新的，不厌其烦，不断跨越，循环往复，时刻创新。"

谭院士还想告诉青少年朋友们一句话："热爱科学，就是要从细微地观察周边的事物做起。"

杨槱院士

他为中国的船舶和海洋工程

奠基铺路。

船舶界的"活化石"

宣晓凤

他看船、学船、教船、造船、写船，他的一生从未离开过船，以至于有人说，他是中国船舶界的"活化石"。他不只是在造船，更是在造梦。

他的名字虽然不被很多人熟知，但是，中国第一代核潜艇总设计师黄旭华院士、"蛟龙号"总设计师徐芑南院士、中国第一艘航母辽宁舰的总设计师朱英富院士，以及中国海洋石油总公司副总工程师曾恒一院士，都是他的学生。

他就是106岁高龄的中国科学院院士、我国著名船舶设计专家、教育家和社会活动家杨槱。他也是新中国船舶行业的第一位院士。

（一）

106年，这对于人的一生是难以想象的长度。杨槱出生于1917年，在漫漫人生中，他经历军阀混战、抗日战争、解放战争，社会的动荡并未阻碍一位船舶界栋梁之材的成长。目睹百姓疾苦、国家贫弱，反而更加坚定了他建造我们国家自己的大船的梦想。

杨槱生于北京，他的幼年是在北京度过的。临上小学时，一家老小举家南迁至广州，与杨家比邻而居的，是中国共产党早期重要人物之一孙炳文。杨橚的父亲杨宗炯和孙炳文是京师大学堂（现为北京大学）的同学，两人情谊深厚，于是父亲便请孙炳文给自己的长子起名。《诗·大雅·棫朴》中有这样的诗句："芃芃棫朴，薪之橚之。"孙炳文为小男孩选了"橚"字，意为"积木柴以备燃烧"，冀望这棵小小的"骄杨"能如"棫朴"（白桉和枹木）一样，汇聚到为国为民发光发热的革命洪流之中。

这是父辈对杨橚的深切期望，后来，杨橚院士用自己在中国船舶界作出的突出贡献交出了完美的答卷。

（二）

父亲追随孙中山先生奔波忙碌于革命事业，陪伴杨橚的时间不是很多，可是父亲那种为了民族存亡而勇往直前的精神潜移默化地影响着小小的杨橚，让他一辈子都热爱祖国，把国家的利益放在第一位。后来，他在国外学成造船技术后，毅然决然回到了祖国母亲的怀抱。

杨橚小时候的大部分时光是由奶妈照顾和陪伴的，奶妈不仅细心照料他的生活起居，也让杨橚学习到令他受益终身的良好品质。

奶妈是一位来自北方农村的妇女，姓王，小杨橚会叫她"王妈妈"。有一天，小杨橚吃饭时掉了饭粒，他觉得掉一两颗饭粒没什么要紧的，谁知道一旁的王妈妈一脸严肃地走过来说："农民伯伯种粮食非常艰辛，我们不能浪费粮食！赶紧把掉下的饭粒捡起来吃掉。"小杨橚还有些不情愿，王妈妈苦口婆心地讲述粮食的珍贵，还再三叮嘱他要养成节俭的好习惯。杨院士回忆自己小时候的成长故事时，多次提到这个小细节，他认为王妈妈的教导让自己从小养成了节俭的好习惯，让他明白不仅自己家的物品要珍惜，国家和集体的财物是人民用血汗铸成的，更应当爱护备至，物尽其用。

除了节俭，王妈妈还引导杨樨要懂得分享。杨樨在国立广东大学（现为中山大学）附属小学上学时，每天放学是他最期盼的快乐时光，尤其是王妈妈偶尔还会带着可口的零食来接他。每次，王妈妈都会叫小杨樨把零食分给大家。这让杨樨从小养成了"心中有他人"的品质，这种品质使得杨樨一辈子朋友比较多，得到的教益和帮助也比较多。

（三）

小杨樨在广州读小学期间，中国还处于军阀割据的年代，军阀混战，老百姓也深受其害。有一天，小杨樨放学回家，街道口的栅栏已经关闭，他费了很大周折才回到家。年龄尚小的杨樨可能对战争还没有确切的认知，但是他已经亲身感受到，当战争来临时，回家的路变得如此困难。

1925年，在杨樨8岁的时候，上海发生了五卅惨案，广州民众为了声援上海遇难同胞，举行了游行。当时，杨樨的小学老师也带领他们参加游行。没多久，小学生们被劝离游行队伍，回校解散，杨樨和同学们就在学校门口游玩。傍晚时分，他看到很多大板车载着死难者遗体经过。战争带来的同胞之死，在幼小的杨樨心中留下深刻印象。

这两次与战争的近距离接触，让杨樨认识到了战争的残酷，他那颗炙热的爱国之心开始熊熊燃烧。

在广州上小学时，有一次孙中山先生到国立广东大学大礼堂演讲，老师曾带着杨槱他们到礼堂的后排听讲。他们被安排在最后几排。因为个头小，大家看不清讲台上的人，很多同学索性站着听孙先生演讲。演讲的内容记不得了，也可能当时他没能完全听懂，但这位伟人的音容笑貌确实激发了他的爱国情怀。

（四）

杨槱的童年是在战乱中度过的，虽然他并不总是处在战争一线，但是他随着家人在北京、广州、武汉、南京、上海等地辗转，一边躲避战争，一边求学。

当时出远门的主要交通工具是轮船，在几个城市间奔波的过程中，杨槱多次近距离接触到轮船。

还是个孩童时，杨槱意外得到一本画有轮船插图的书，这本书是一位朋友送给杨槱父亲的，因为有许多插图，杨槱爱不释手。看不懂时，他就会嚷嚷着非要父亲说清楚不可。读了这本书，他的脑海中有了很多关于轮船的问号。他常常缠着父亲问："大轮船为什么会自己开啊？"父亲告诉他，船里装着大机器。"什么是大机器？""大机器长什么样？"父亲没办法，只能放下手中的事，一直回答到小杨槱满意为止。父亲给出了怎样的回答，杨槱早已记不清，但"大机器"一词当时真的激起了他更大的好奇。

9岁那年，也就是1926年，杨槱登上从广州到上海的轮船，第一次体验钢铁巨轮在浩瀚大海中航行。也是那次在"飞虎"轮上偶然听到的对话，在他心里埋下了科学启蒙的种子。"为什么铁做的轮船能在水中不沉？""铁脸盆也能漂浮，只要脸盆边缘高于水面就不会沉。"这到底是什么原理呢？这个问题当然是年幼的杨槱无法解答的，直至青年时代，杨槱仍然一直想要找到它的答案。

从上海再乘船到达武汉后，杨槱在武昌的模范小学读了一年书，后来因为战乱，他又跟随家人乘坐轮船辗转到了南京继续求学。在南京读了四年书之后，他从南京先乘船到上海，又从上海坐轮船回到了广州，并在广州的名校培正中学就读。乘船时，杨槱总喜欢到处跑，好奇地东瞧瞧西摸摸。对他来说，每次乘坐轮船，不仅是与轮船的亲密接触，也是一次很好的观察社会、了解人间疾苦的机会。在轮船上，他目睹中国百姓的深重苦难。每一次搭乘轮船，杨槱都会对自然与人、船与海有更深入的认识。

在战乱中长大，目睹残酷的现实，年幼的杨槱拥有了超越正常年龄的深刻认知，他说："那些帝国主义分子，不都是坐着轮船侵略我们中国的吗？中国积贫积弱的一个重要原因，就是因为在海上打不过帝国主义国家的军队。"从此，他立下"学造我们自己的大船"的奋斗目标。他说："海洋对一个国家来说，实在太重要了。未来的世界，海洋与人类的关系也必将越来越密切。"

（五）

小杨槱在动荡中于多地求学，从广州的国立广东大学附属小学，到武昌的模范小学，再到南京的一家私塾、南京中学实验小学、金陵中学，又来到广州的培正中学。求学经历虽然坎坷曲折，但是不同地区、不同风格的学校教育，让杨槱从小就养成很强的环境适应能力。后来杨槱参加工作之后，也是随时根据国家的需要，在不同城市开展工作，每次他都能很快适应，在新的岗位上为祖国的造船事业贡献力量。

在国立广东大学附属小学就读时，杨槱还是个不谙世事的孩童。当时广州正处在革命前沿，杨槱在上学路上经常可以看到各种游行示威活动，老师也以另外一种形式带领他们去支持革命。比如在上海五卅惨案、广州沙基惨案发生之后，全国群情激奋，纷纷举行罢工罢市，杨槱的体育老师就对同学们说："为了抵制日本货和英国货，我们不买他们生产的皮球，以后不能开展球类运动了。大家还是学游泳吧！"小杨槱欣然接受体育老师的建议，还很快就学会了游泳。

1926 年，北伐战争开始，杨槱的父亲随军出征。北伐军攻克武昌后，杨槱的母亲就带着全家人先从广州乘海船到上海，再搭江轮去武汉与父亲团聚。杨槱在那里的模范小学上了一年学。

后来，杨槱随家人来到南京，第一年上的是私塾，私塾老师非常严厉，如果学生背不出课文，就要受到责罚。有一次，师母过生日，老师竟然让同学们每人交 4 角钱，杨槱对这件事非常不满，不久后就退学了。

在这之后，杨槱得以在当时著名的南京中学实验小学五年级就读。该校正在探索"道尔顿制教学法"，学校里除了有完整的课程外，还开设了一些"特班课"，比如家事（家政）、舞蹈、自行车、风琴、摄影、化学制品等。在这所非常重视学生实践能力和动手能力的新式学校，杨槱除了学习课本知识，还在学校里学会了骑自行车、弹琴、照相洗印和做肥皂。

杨槱学习成绩优异，进校第一年就获得"品学兼优奖"，第二年还被选为班长。在当班长期间，杨槱对自己的组织能力不太满意，因为有一次学校组织文艺会演,他们班的节目未能按时演出。性格比较内向、口才一般的小杨槱,没有很好地调动起其他同学的积极性。从这件小事中,杨槱认识到:要办成大事,必须有得力的助手和众人的支持。

小学毕业后,杨槱考上了南京城内非常著名的一所中学——金陵中学。当时这是一所教会中学,学校对学生们的英语水平要求较高,杨槱也是在这所学校打下了良好的英语基础,这为他将来留学英国格拉斯哥大学奠定了语言基础。

初一年级的英语课本对从未接触过英语的杨槱来说有点困难,于是杨槱上了半年补习课,之后很快就能熟背英语文章,还参加学校的英语朗诵比赛。金陵中学的教师大多是经验丰富的老教师,助力杨槱在知识的海洋中自由地遨游。时任校长张坊英语口语非常好,给杨槱留下了很深的印象。有一次学校邀请了一位中文不错的美国学者用英语做报告,张校长做翻译,讲座结束后这位美国学者说:"张校长翻译得比我讲得还精彩。"

在金陵中学读了两年初中之后,杨槱跟随家人再次回到广州,他参加了广州名校培正中学的暑期初中毕业会考培训班,顺利通过初中毕业会考,进入这所著名的中学读高中。

培正中学的教学方式在当时十分超前。学校的高中数学、物理、化学、历史、地理等课程都采用美国大学一年级的课本教学。学校规定高中学生每学年写一篇论文,或者翻译一篇英文名作。在这期间,杨槱以《广东造船简史》为题写了一篇论文,这篇关于船舶方面的论文也是杨槱这一生中撰写的第一篇关于造船的论文,虽然尚显稚嫩,但显示出了他在船舶研究方面的兴趣和天赋。

青少年时期的杨槱对于各种知识和技能充满了强烈的好奇心和求知欲。培正中学每年都会请1—2位专家来校做报告，学生的活动也是多种多样的。杨槱在这里学会了演话剧、拉小提琴和打太极拳，周末常去市区的图书馆和博物馆。杨槱说："三年高中学习，确实使我见闻增加不少。我正处于孔子所说的'吾十有五而志于学'的年华。"

丰富多彩的学校生活让少年杨槱掌握了很多学科知识，也在性格、德行方面受到熏陶和锻炼，为他将来在船舶与海洋工程领域的长足发展奠定了坚实基础。

杨槱生于战乱时期，成长过程中与战争如此之近，这深深激发了他对祖国的挚爱，对贫苦大众的同情。他在造船事业上的卓越成就，始于热爱，恒于坚持，更离不开他对祖国和人民的深厚感情。

王振义院士

他是破解血液密码的"药神"，

又是一朵"清贫的牡丹"。

破解血液密码的"药神"

楼　屹

白血病又称"血癌",是一种恶性血液系统疾病。其中,急性早幼粒细胞白血病因病情恶化速度极快,被医学界称为最凶险、致死率最高的白血病之一。有这样一位医生,他研发出的药物能控制甚至治愈急性早幼粒细胞白血病,然而他放弃了药物专利,因为他希望患者可以用低廉的价格买到"救命药"。他拯救了上千万人——他就是王振义。

（一）

1939 年 9 月的一个清晨,上海吕班路(现为重庆南路)上走来一个瘦瘦高高的男孩,他身着白色衬衫、黑色长裤,脚穿黑色皮鞋,斜挎一只棕色牛皮书包。只见他走进了震旦大学附属中学(后与震旦女子文理学院附属中学合并为上海市向明中学)高中部的校门,如往常一样又是第一个来到教室。他刚准备打开书本温习昨日的功课,突然听见走廊上响起一串急促的脚步声,一位男老师神情慌张地跑进教室,大声喊道:"王振义同学,不好了!战事马上就来了,我们今天停课,你赶快回家吧!"王振义慌忙收起桌上的书本,匆匆离开了校园。

这一天，第二次世界大战全面爆发了。无情的战火迅速蔓延至全上海。局势动荡，有时战事就发生在学校数百米外，学校频繁停课，许多同学无奈中断了学业，更有甚者有家都不能回。

一天，晚饭后，王振义拿起餐桌边的《大公报》，一边看一边情不自禁发出深深的叹息。面对这纷乱的局势，少年王振义心中十分难过。

父亲王文龙看出王振义心中的不安，将他叫到书房中，问道："儿子，你认为我们为什么要读书？""为了能顺利通过考试，考上心仪的大学。"王振义老老实实地回答。父亲起身从书橱中取出了一本钱亦石所著的《紧急时期的世界与中国》递给王振义，语重心长地说："国难危急的时刻，努力学习不只是为父母争光，让自己过上体面的生活，更是一种救国的途径。"父亲又说："少年强则国强，少年独立则国独立，少年自由则国自由，少年进步则国进步。国家强盛了，才能免受他人欺负，才能被世界尊重。"王振义思索了许久，轻轻地说："父亲，我明白了。我一定会好好学习科学文化知识，长大后报效祖国。"

王振义回到自己房间，仔细读了《紧急时期的世界与中国》，这本书精辟地分析了国际形势的发展，也为他指明了方向。

那个夜晚的父子谈话让爱国主义情怀伴随王振义的一生，也成了他刻苦钻研学术的动力。

此后，无论外部局势如何，王振义都以顽强的毅力和坚定的信念，努力克服各种困难完成学业。过人的天赋和不懈的付出，让王振义取得了优异的成绩，同时他还获得了震旦大学医学院（现为上海交通大学医学院）免试直升的入学邀请。

震旦大学医学院最大的特点就是强调对法语的掌握和运用。医学院为何要上法语课呢？因为在震旦大学，法语不单是一门外语，更是教学语言，许多课程只用法语来教授。学习任务非常繁重，能坚持到最后顺利毕业的学生风毛麟角，而王振义正是其中的一员。在震旦大学医学院接受的教育，让王振义掌握了精湛的医学技术，更让他学到了系统的疾病分析医学思维，以及尊重生命的医学人文理念。王振义之后在科学技术领域获得的成就和发展，与这一切密不可分。

除了从小立下远大的学习目标，王振义还总结出一套最适合自己的学习方法。

每天放学回家，王振义最喜欢做的事情就是当"小老师"，家中三楼的客厅里摆放了一张椭圆形的大长桌，王振义的兄妹和同学经常围坐在桌前共同复习功课。每当大家遇到不会的难题或疑问，都会争先恐后地问这位"小老师"，王振义也非常乐于分享自己的所学，会耐心地将解题思路和方法讲给大家听。若是遇到自己也不会的"超级难题"，王振义会详细记录在本子上，第二天去学校请教老师后，再告诉大家。

教学相长的学习氛围让王振义在同龄人中进步很快，在那张大桌前的"小老师"当时也不会想到，这种学习方式之后演化成了一种特殊的临床查房方式——"开卷考试"。这考试不是老师考学生，而是学生考老师，出题人是王振义在医院带的学生们，题目是在临床查房中遇到的各种疑难杂症。每周一次，王振义雷打不动地跟同事和学生们一起探讨与"考题"相关的前沿信息、最新进展，他会搜索国内外最新文献，结合患者的病因，形成自己的分析方案，最后落实诊疗方法。"开卷考试"不仅实实在在地帮助了一个又一个患者，而且丰富了同事和学生们的见闻与学识。

（二）

"余于病者，当悉心诊治，不因贫富而歧视，并当尽瘁科学，随其进化而深造，以期造福于人群。"这是震旦大学医学院的一段毕业誓言。

1948 年，王振义以总分第一名的成绩从震旦大学医学院毕业，获博士学位。震旦大学医学院的毕业誓言，亦是每位毕业生最神圣的从医宣誓，在王振义心中更是坚守的信念所在。对王振义来说，医生始终是一份非常幸福的职业，因为医生让病魔缠身的病人有了减轻痛苦、重获新生的可能。

在王振义 7 岁那年，祖母患上了风寒，家中虽然请医生前来救治，但祖母的病情一直未能好转。祖母非常疼爱王振义，平时给予他无微不至的关怀和照料。祖母的身体每况愈下，让王振义心里如刀割似的难受。幼时的他只能陪伴在祖母的床前，说说和小伙伴的趣事，以此缓解祖母的病痛。不幸的是，祖母最后还是没能战胜病魔，离开了人世。小小的王振义无能为力又伤心欲绝，他内心逐渐明确了一个想法：长大后要成为一名医生，用医术去救治患病的人！正是王振义从小萌发的从医理想和决心，让无数血液病患者迎来一名悬壶济世的良医。

就读震旦大学医学院期间，王振义不仅学习成绩优异，还在课余时间投身救济贫民的公益活动。抗战刚刚胜利，许多贫民流离失所、食不果腹。由于当时缺乏运输工具，救济的粮食和其他物资亟须配送给需要的人。王振义积极参加联合国善后救济总署组织的救济活动，给贫民分发救济粮食和衣物，还为安老院的老弱者提供义诊服务。虽然王振义家境殷实，但他总是牢记毕业誓言，牵挂着家境贫困的患者，认为人与人之间是平等的。"当你富裕的时候要先想到穷人，要先给穷人帮助。"母亲也时常教导王振义，要他谨记"善心宽怀"四个字，"善心"即是关怀他人，保持一颗善良的心，"宽怀"即宽恕他人，拥有真正广阔的胸怀。

几十年的从医生涯，王振义始终秉持广慈博爱的医者精神，时刻铭记毕业时的誓词，用自己的实际行动作出了诠释。

（三）

王振义家中有兄弟姐妹七人，从小在一个家境殷实、开放包容的大家庭里长大。父亲就职于安平保险公司，平时工作非常繁忙，但他从不忽视子女的教育。1941 年冬太平洋战争爆发之后，物价一路上涨，早年优渥的生活环境也渐渐面临窘迫的境地。即便如此，父亲宁可卖掉祖上留下的房屋，也要让子女们接受良好的教育，教导他们要掌握一门专业技术，做个对社会有用的人。

除了日常学业之外，父母亲还鼓励孩子们去做自己喜欢的事情。王振义从小有很多兴趣爱好，爱音乐、爱摄影、爱绘画、爱打乒乓、爱拉小提琴，但他最大的兴趣还是"望天"。每当夜幕降临，王振义会用纸折出一个个"望远镜""大耳朵"，幻想着它们成为自己的"顺风耳""千里眼"，他面向夜空铺展思绪，期望观察到其他星球的生物。正因为这份爱好，让这个喜爱仰望星空的小男孩怀揣着梦想，一步步养成了探索科学的兴趣，走上了科研的道路。

家风家教是一个家庭最宝贵的财富，优良的家风培育了王振义的科学探索精神，还在他心中种下诚实守信的种子。

读大学期间，王振义最好的朋友是同班同学罗远俊，两个人一起在课堂上学习知识，课后又形影不离地参加课外活动。他们之间有个约定，每次考试成绩公布后都要比一比谁是第一名。一场学期考试结束后，王振义刚走出教室就拍了拍罗远俊的肩膀，信心满满地对他说："医学考试中有道大题我做出来了，肯定又能拿下年级第一名。""那可说不准呢，这次考试我也准备得很充分。"罗远俊回头朝王振义微微一笑，不甘示弱地说道。

不久，成绩公布了，同学们簇拥着到走廊里的公告栏前去看结果。呀！年级第一依旧还是王振义。随着成绩排名一起下来的，还有学校为第一名获得者颁发的奖学金。同学们看到王振义双手接过教务长手中的奖学金，都情不自禁地为他鼓起掌来。

不过，王振义心中却没有胜利的喜悦。他反复核对各科成绩，发现罗远俊的总分比他高，年级第一名应该是罗远俊。

王振义脑海中浮现出母亲经常说的一句话：为人要诚信，要做一个老老实实的人。看了看手中的奖学金，王振义鼓起勇气对教务长说："这次成绩算错了，年级第一名不是我，应该是罗远俊同学。"说完，他红着脸穿过人群，径直走到罗远俊的身边，将奖学金递给了罗远俊。同学们再次鼓起掌来，为王振义的正直品格，也为两个好朋友的真挚友谊。王振义这份始终不忘实事求是的初心，也铸就了他独特的科学家气质。

（四）

1924年深秋，上海陈家浜珍福里（现为北京西路成都北路路口）一幢石库门中传来一阵响亮的婴儿啼哭声。这是家中的第二个儿子，排家族中的"振"字辈。家中按照儒家"五常"中"仁、义、礼、智、信"的顺序给男孩取名为"振义"。

"义"常常指社会上公认的道德准则，往往体现出超乎个人利益之上的道德要求。王振义从出生就被父亲寄予了极其高尚的做人准则，这也就不难理解他为了救治更多白血病患者而放弃申请药物专利的善举了。

20世纪70年代末，在艰苦的条件下，王振义带领学生克服重重困难，历经数年终于研发出全反式维甲酸用于治疗急性早幼粒细胞白血病，使得患者的生存率得到显著提高。当时，如果王振义凭借全反式维甲酸去申请专利，可能早就成为"亿万富翁"，但他毫不犹豫地放弃了。

谈及此事，王振义淡然地说："我发现了这个药以后，唯一的愿望就是能够有更多的病人得救，没有去算过会有多少钱，也没有算过会给我多少钱。"除了放弃申请药物专利，王振义从医几十年来捐献给医院、学校、研究所不计其数的奖金，还经常为病患慷慨解囊。

王振义爱花，家中喜欢用花来装饰。他最爱的是牡丹。常人爱牡丹的雍容华贵、富丽堂皇，但王振义钟爱的牡丹是白中带粉、格外清雅的那一种。王振义的书房中有一幅国画《清贫的牡丹》，一株白粉色的牡丹从石头缝隙中顽强地伸展出来，花朵盛开在细细的枝头上，展现出不屈的生命力。

石头的缝隙中怎么会生长出牡丹花来呢？王振义有他独特的解读："清

贫的牡丹生长在石头中，不是依靠石头本身，而是依赖石头周围泥土所给予的营养。"正如王振义的人生之道，做人要有进取的雄心，无论在怎样艰苦的环境下，都要努力工作，作出优异的成绩，如牡丹一般蓬勃绽放；面对名利要学会看淡，出名后不能骄傲自大，成绩不属于某个人，而是大家共同努力的结果，就如牡丹的绽放离不开周围的泥土。

《清贫的牡丹》正是王振义追求卓越、淡泊名利的最好写照。

如今，王振义院士已步入期颐之年，依旧精神矍铄、目光炯炯，时常运用电脑检索医学领域最前沿的资料，以勇攀高峰、敢为人先的创新精神，追求真理、严谨治学的求实精神，淡泊名利、潜心研究的奉献精神，引领更多的人献身国家的科学事业。

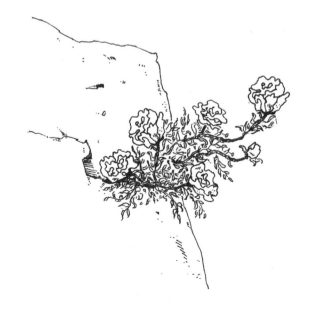

朱敏院士

他与化石对话，

探寻**生命**的演化。

与石头较真

梁玉婷

你听过《两小儿辩日》的故事吗？古时候，有两个孩子为了究竟是早晨的太阳更大还是中午的太阳更大吵得不可开交。即便是稚子，较真起来也能把大圣人孔子难住。

2022 年 9 月 29 日，世界顶级期刊《自然》以封面文章的形式同期发表了四篇来自中国科学家团队的学术论文。这则消息不但在业内引起轰动，甚至还"破圈"吸引了普罗大众的关注和讨论，几乎在同一刻，"我国科学家证实人类是从鱼进化来的"这一话题冲上了热搜。

就是这则重磅新闻，把许多好奇的小脑瓜搞迷糊了，不是说人是猴子变的吗？怎么老祖宗换成鱼啦？假如把这个问题抛给五十多年前的朱敏，说不定他也会皱着眉头说："人类的祖先怎能说换就换？依据呢？验证过了吗……"就是这样较真的孩子，在命运的安排下歪打正着与古鱼类研究结下不解之缘，为此深耕四十年。

（一）

1965 年的秋天，苏州吴县（现为吴中区）横泾镇后巷桥的一个老屋里，一个名叫朱敏的男孩呱呱坠地。

无论是身为老师的父亲，还是身为医生的母亲，忙起来都是没日没夜的，抚养一个孩子都已是捉襟见肘。无奈之下，身为老二的小朱敏被留在出生时的老屋，由外婆抚养。外公在外地工作，平时家中只有外婆和小朱敏两个人。外婆有高血压，小朱敏就帮着她一起干家务。要洗衣服、洗菜，他就抱着木盆蹲在家门口的小河边，小手搓得红红的。要给蔬菜浇水、给葡萄施肥，他就拎着满满当当的大桶一步步走向家中的菜园，小胳膊不住地哆嗦。小孩子总是有使不完的精力，平日里小朱敏就跟着小伙伴们穿梭在石板路上，玩"抓石子""斗鸡""老鹰抓小鸡"。夏天，大家会从家门口的花岗岩小桥上往下跳，扒着船戏水，晒成小"黑"人的朱敏没少挨外婆骂。

一个人待着的时候，小朱敏会翻看大姨妈留在外婆家的书。大姨妈是中国科学技术大学的第一批大学生，由苏州中学保送去的，可惜英年早逝。有时他也会去屋外"跳格子"。家门口，从小街到小桥都是石板路，南方小镇的标配，黑沉沉的石条就是现成的格子。他一边跳，还会一边数，一块，两块，三块……数着数着，爸爸妈妈的模样就浮上心头。他们不常回来，在朱敏的记忆中，爸爸的手指上有着长期用粉笔留下的老茧，但他的手很暖和，妈妈的眼睛里总有红血丝，但她的眼睛很温柔。一天，两天，三天……离上次分别过去多少天啦？记不清了。眼前的石头数了几块啦？看不清了——小朱敏的眼眶里早已噙满泪水。哪怕数过好多次，他都没数清过家门口的小街到底有多少块石条。可没过几天，小街上又会出现小朱敏蹦蹦跳跳的身影。这回他数清了吗？还是没有，不是石条太多，而是思念太深。

依山傍水的横泾镇是典型的江南鱼米之乡，民风淳朴。镇上人家鳞次栉比，邻里关系亲密无间。看到可爱的小朱敏在巷子里玩耍，邻里乡亲都爱用糯糯的乡音逗逗他，时不时给他出点"小难题"——让三四岁的孩子做算术。不经意的玩闹却是无心插柳，意外点亮朱敏的数学"技能树"，不到5岁的他，居然能很快地算出百位数的加减。刚满5岁，家人就把他送去了句容市后白镇前白小学读书。

小学三年级时，朱敏去张家港市锦丰镇的爷爷奶奶家住，后来又回到了后巷桥上学。在朱敏的记忆中，小学五年里他前前后后转了六次学。年少时小伙伴们的名字，如今能想起来的已屈指可数，脑海中那些稚嫩的脸庞也都朦朦胧胧的。虽然还没有和同学们混熟就不得不分开，生活很不稳定，但朱敏的学习成绩异常平稳，总是名列前茅，这离不开他对待学习一如既往的认真。

（二）

小学毕业后，朱敏终于回到父母身边，在句容市后白中学读书。因为是教工子弟，所以朱敏就随父母住在学校里。

1978年，全国科学大会在北京召开，郭沫若在闭幕式上作了题为《科学的春天》的书面讲话，因此这场盛会也被称作"科学的春天"。忽如一夜春风来，千树万树梨花开。自此，大江南北，无论是老师还是家长，都爱把

"学好数理化，走遍天下都不怕"挂在嘴边。好多孩子因此把数学当作制胜法宝，埋头苦读。

高中时的某一天，数学老师在早自习课上拿出徐迟的报告文学作品《哥德巴赫猜想》，声情并茂地朗诵起来。朱敏听着数学家陈景润的故事，那些为了证明"陈氏定理"而揉掉的纸团、昏暗的灯光、无眠的夜晚，仿佛历历在目。陈景润的研究成果对证明哥德巴赫猜想作出了巨大贡献，这让朱敏的内心也火热起来。他的数学成绩一向很好，如果大学能读数学专业，他是不是也能为某个猜想做些什么，甚至成为一名数学家……哈，其实好多同学都是这么想的。

朱敏曾因为对父母的思念和家门口的石条较过劲儿，这会儿他又因为对数学绵长、深沉的热爱，和课本里的公式定理"杠"上了，如果不能把它们一步步推导出来，那就不算数。书上说，套用一个简单的公式，就能表达坐标轴里的某种线条或形状。那可得好好验证一下。于是，饱满的圆形、高挑的椭圆形、不羁的抛物线、成双成对的双曲线……纷纷涌入海选现场（草稿纸），等待评审专家（也就是朱敏）为它们打分（算出对应的公式）。图形、数字、符号渐渐挤满草稿纸，一张，两张，三张……最终，朱敏在每个图形旁郑重写下对应的方程式。再打开书，翻到"二次曲线"的章节，草稿纸上手写的式子和课本上铅印的式子一字不差，恭喜这些公式，它们都通过"考验"啦！

朱敏对所有公式"一视同仁"，哪怕是在微积分领域。要是大名鼎鼎的科学家牛顿和全知全能的通才莱布尼茨知道，有个小后生居然无视两位大牛的"双保险"，非要亲自检验才能认可公式的正确性，不知作何感想。不过，这倒也不单纯是爱较真的少年意气，朱敏还有更实际的用意——万一以后忘记这些公式定理也不怕，大不了再推导一遍呗。

回想起这段时光，朱敏无比庆幸，他的逻辑思维、批判思维就是在学习数学的过程中水到渠成的。可如果一个孩子的兴趣并不是数学，或者他还没有邂逅自己的热爱，又该怎么办呢？朱敏的回答是：先把数学学好，这是理性思考的基础。说白了，学好数学能帮你更好地想明白，你要做什么，怎么做。

（三）

其实不仅是数学，朱敏的较真是不分学科、不分时间的。镇里在学校放电影，这么稀奇的事儿（在那个年代是这样的），为了近水楼台先得月，同学们早早搬着板凳去等候，朱敏却一个人在教室里看书。要想考上好大学，英语这关必须过，因为接触英语较晚，所以朱敏下了苦功，即使在户外，他嘴里也在念叨着英语单词。夏天蚊子多，沉浸在学习中的朱敏不堪其扰，就找来两只水桶装上水，将双腿放进水桶里抵挡蚊子叮咬……但和接下来这件事比起来，这些都是小儿科。

1980 年，朱敏还不满 15 周岁，就和许多"老三届"的考生一起来到人生的转折点——高考考场。1977 年高考恢复，1980 年高考应考人员仍然很多，竞争无疑是激烈的。朱敏很自信。在数学考场上，朱敏奋笔疾书，这可是他最擅长的科目。很快他就做到大题的部分，他在心里默念题目里给出的条件。咦，这题目好像出错了？年轻气盛的朱敏仿佛意外收获一场有趣的挑战，兴奋地验证起来。这样的事在他高中时期发生过无数次，他很快就沉浸其中。时间一分一秒地过去了，为了这道二十分的大题，朱敏耗费了大量的时间，连草稿纸都用去了一大半，如此"浪费时间"的行为换来的却是——题目没错，是他看错了！时间紧迫，他不得不迅速调整状态，以更快的速度答题，不然可能连卷子都来不及做完。

朱敏尽力了。查分那天，朱敏从老师那里得知自己的高考成绩，其他学科的分数都在意料之中，但让老师大跌眼镜的是，朱敏居然在数学上跌了跟头。原本无论是老师还是朱敏自己，都对数学满分势在必得，可结果他只考了八十多分。只有朱敏知道这是怎么一回事。虽然他的总分超过了心仪的南京大学的录取分数线，但因为那时候专业录取要看单科成绩，所以进入南京大学数学系的梦就这样破碎了。好在他填报高考志愿时勾选了服从调剂，专业没保住，总算保住了学校，他被南京大学地质系古生物地层专业录取了。

朱敏很迷茫。地质系？古生物地层专业？谁能告诉他这是学什么的？朱敏迷茫地看向老师，却从老师脸上看到了同样的疑惑。当时，很少有人能回答这个问题，老师也不能。那会儿，绝大多数人对古生物没有概念，更别提地层研究这么冷门的专业。好在朱敏很乐观，他寻思着自己还是能去南京大学读书的，既然没进数学专业，那就在这个古生物地层专业里好好念呗。每次回忆到这件事，朱敏都会说："还是要以平常心对待高考，要相信自己终能找到人生发展的方向。"

（四）

不愧是千年古都的名校，就连大门都那么气派！这是十五岁的小镇少年踏入南京大学的第一感受。与之相比，曾经的校园可太简陋了。朱敏赶紧拢了拢头发，又仔细地理了理领子、袖口、裤兜，就连鞋上的一丝灰尘也没放过，随后露出一个腼腆的笑容，留下和梦中"情"校的第一张合照。

彼时，大学校园为许多人打开了一扇了解世界的窗口。学生们都好像是浸在水里的海绵，贪婪地吸收着宝贵的知识。老师们不但学识渊博，而且教学时也不拘一格。有位先生给朱敏留下了极为深刻的印象，让他第一次知道原来教科书还有不同寻常的用处。这位先生每堂课都要用到书本，但出人意料的是，他的教学内容居然是给教科书"纠错"，一学期下来，教科书被他改了个"面目全非"——谁让教科书版本过于陈旧，好多内容已经被学界推翻，当然要与时俱进地改写。做科学研究，就是得较真，哪怕是教科书也会出错，也可以被改写。这位先生教给朱敏的不只是知识，还有做科研、做学问的态度。朱敏很是受用，别忘了，他从小就较真，向教科书发起挑战的事儿，他高中时就干过了。只是那时候，他"败"了。先生能"胜"，是因为较真的科学家不但敢于质疑，更会小心论证新的观点。两者相辅相成，科学才能发展。

有时，朱敏会在上课时和同学们嬉笑打闹。被老师发现后，免不了挨一顿批评，弄不好还要被叫上讲台去做题。多亏他没有因为贪玩疏于学习，这才没闹出什么笑话。

课余时光，朱敏喜欢泡在图书馆里看书，不光是专业书籍，他的涉猎范围很广，尤其爱看科学哲学、科学史之类的书，他认为只有了解过去才能更好地预判未来，这一点在古生物研究中格外明显。

《丁文江文集》是朱敏最爱的书之一，他还常常向学生、后辈推荐这套巨著。丁文江是中国现代地质事业和地质科学的主要创始人，被称为"20世纪的徐霞客"。丁文江常追踪徐霞客的行走路线，用双脚丈量大地，一步步验证三百年前江苏老乡的功绩。丁文江推崇徐霞客为追求真理不畏艰险的科学精神，朱敏同样仰慕"开山祖师"的博学广闻、坚贞治学、贡献卓著。

（五）

古生物学是地球科学与生命科学的交叉学科，研究古生物学必须经历漫长的积累过程，想要做出些名堂来，只读完本科是远远不够的。大学本科毕业后，朱敏先是进入中国地质科学院研究生部，后又在中国科学院古脊椎动物与古人类研究所读博，师从古鱼类学家张弥曼院士。

1985年，朱敏第一次去野外考察，从此和云南曲靖结下不解之缘，那里埋藏着一个神秘的"古鱼王国"。20世纪80年代，要买一张去曲靖的火车票得在火车站排一宿的队。在晃晃悠悠的火车上，在南来北往的嘈杂人群中，一坐就是四十多个小时。到了曲靖，住的是两块钱一张床位的招待所。白天，朱敏或是步行，或是骑自行车，赶十多公里的路上山，开展"地毯式搜查"，采到石头再背回招待所——古生物研究的答案通常都在石头里。有时实在累得走不动了，他就搭"有多少人装多少人"的拖拉机下山。开在乡间土路上的拖拉机不比过山车差多少，玩得都是心跳，坐在车上的朱敏只好闭上眼睛。听着擦肩而过的卡车鸣笛声、农家土狗高亢的吠叫、同车乘客起哄的口哨声，朱敏更紧张了。

即便如此，他还是年复一年去那儿，每次一待就是两三个月，走遍曲靖的每座山头，和一块又一块不起眼的石头无声地"交谈"：他小心翼翼地用凿子撬开石块，又仔仔细细地用毛刷抚过石面，就像儿时用双脚细数家门口的石条。面朝黄土背朝天，一蹲就是大半天，但绝大多数时候，这种探寻是没有结果的。还好读大学时，学校为了增强学生体质安排晨跑，每天早上五点钟，大家就要被叫起来去操场练长跑，寒冬酷暑雷打不动。朱敏的体育不太好，但他肯吃苦、有恒心，跟着同学们一起坚持了下来，不知不觉间，体质比以前强多了。

1998 年夏天，朱敏和大师兄连续开了一星期的"盲盒"，一无所获。疲惫且沮丧的两人坐在水沟旁闷头啃馒头，但谁也没说要打道回府，也许下一块石头里就有惊喜呢。突然，水沟边上一块发亮的石头跃入朱敏的眼帘，他靠近细看，一小片深蓝色的骨片嵌在石间，这是斑鳞鱼的下颌骨！接着，两人沿水沟继续寻找，终于找到了斑鳞鱼的原生层位。自此，一个在地层中沉睡约 4 亿年的古老灵魂被唤醒了。

在大自然这个实验室里，朱敏不断锤炼着自己的知识、技艺、耐心……

（六）

"从鱼变人"的消息刚出现时，一度热评不断。"天哪！一觉醒来，我的祖先竟然变了！""罪过罪过，昨天刚吃了清蒸祖先。"可是几天后，这件事的热度就退了个干净。热闹凑过就行了，毕竟几亿年前的事儿和自个儿又有什么关系呢，研究古鱼又不能让鱼变得更好吃……打住，这么想，说明你不懂古鱼类研究的价值！

包括人类在内，地球上现存的 99.8% 的脊椎动物都具有颌骨（上颌和下巴）。可是在 5 亿年前的地球上生活着的动物却没有颌骨，日子很不好过——没有颌骨就意味着嘴无法随意张大，吃东西很费劲，既不能撕咬，也不能咀嚼。有那么一群不甘心的鱼类开始"自我改造"，渐渐演化出颌骨构造。颌骨不但使嘴巴具备张合功能，增强了鱼类的生存能力，还改变了动物面部的基本框架。以前，科学家们只是猜想这次生命的跃升应该发生在 4.5 亿年前。如今，如此传奇的一幕不再是想象、假设，而已在一块块古鱼化石上得到印证。不光是下巴，牙齿、脖子、四肢也被逐一"装点"到古鱼类上：双列黔齿鱼的齿旋代表最古老的有颌类牙齿，奇迹秀山鱼头甲中间的横向裂隙是颈关节的雏形，灵动土家鱼的鳍褶为解开人类四肢起源的世界性难题打开了一扇窗。这些都是生命和时间携手产生的力量。

朱敏说过，只有了解过去才能更好地预判未来。人类的体内至今仍然携带着遥远的遗传记忆，在胚胎发育的隐秘过程中，我们的身体重现了与鱼类相似的形态，宛若生命的回溯。所以，他才会埋首在古鱼类研究中，四十年如一日地较真，在崇山峻岭中上下求索，只求填补生命演化过程中的空白，进而追溯人类的起源和演化历程，探索生命演化的规律和机制。

从和公式较劲、被老师带领着改课本的小镇少年，到拥有惊叹整个古生物界的研究成果的中国科学院院士，较真于朱敏而言，曾经是少年意气，是师道传承，如今则是对真相和理想的满腔热血。他发现的每一缕遥远的灵魂，都是一道道遒劲的笔画、一抹抹绚烂的色彩，让神秘的生命演化之图愈发波澜壮阔，让人类能透过历史的痕迹窥见生命"来处"的秘密，遥望"去处"的风光。

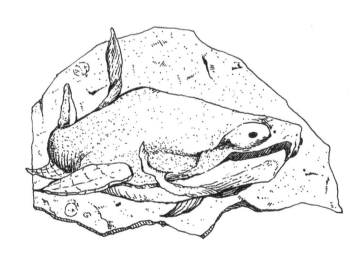

陈凯先院士

他从未停止出发的脚步，

只为寻找**生命**的钥匙。

生命之钥

任哥舒

药物研究，是一门不断创新的科学，是永远在寻找能打开某个生命之"锁"的那把对路的"钥匙"。人生成长之路，也如同用一把又一把对路的"钥匙"，打开一扇又一扇"生命之门"的锁，走通人生的长路。

（一）

1945 年 8 月，一个历史性的时刻。全国人民齐心协力，打败了日本侵略者，奏响凯旋曲。就在毛主席为了出席"重庆谈判"到达重庆的当天，陈凯先在重庆出生了，因而他的名字中间有了一个欢庆凯旋的"凯"字。那个时刻的阳光洒在这个新生儿的脸庞上特别明亮，昭示着这个孩子迎接的未来将会欣欣向荣。他的人生道路可能会有坎坷和波折，但是在这个新生儿的手舞足蹈中，新世界敞开怀抱拥住了他，他将一路朝着崭新的生活奔去。

从事教育工作的父亲带给儿子热情友善、乐于助人的个性品质，作为职业女性的母亲带给儿子知性稳重、昂扬向上的精神。他的哥哥和姐姐对这个弟弟爱护有加，他也学到了哥哥姐姐身上的许多优点。哥哥陈百先在小伙伴中很有威望，是玩伴们的领头；姐姐善良恬静，和她相处犹如清风拂面。

中华人民共和国成立后的第三个年头，陈凯先在上海上小学了。这是一所私立的小学，校名很气派，叫"大公小学"，但是这小学蜗居在一家电影院旁边的弄堂里，得一直往里走到弄底。学校普通，但是陈凯先接触到了许多新鲜的知识。刚读完一年级，他就和哥哥、姐姐一起转学来到南京，和爸爸、外婆、表哥表姐相聚。在南京，他上完了小学二年级和三年级，暑假时全家又回到了上海。那时候他胸前已经飘扬着红领巾，而上海这边刚升入四年级的同学都还没有入队，大家对这个新来的戴着红领巾的同学特别羡慕，经常围着他问东问西。

1955年，他又转学到新创办的中州路第一小学，在那里，他担任少先队大队长，学习成绩一直名列前茅，每年都是校优秀学生，校长多次在学校大会上表扬他。他得到了"品学兼优"的奖状，虽然他那时还不懂"兼优"两字是什么意思。

之后就是上初中了，那是要考的。附近有一所华东师范大学附属中学，是大家心仪的学校。那里有一个游泳池，能去那里游泳是公认的很炫酷的事。在这所中学的录取榜上，陈凯先看到了自己的名字，他又激动又开心。

1957年，12岁的陈凯先走进了梦想已久的这所学校，看到规整的操场、标准的游泳池、神秘的生物实验室、明亮的图书馆、绿树成荫的校园和挺拔的教学楼，少年的那股开心劲没得说。篮球架下打球的人们生龙活虎，这中间有一位长着国字脸总是乐呵呵的大哥哥，周围的队友们不时地吆喝着：

"步君老师，接球！"那是校团委书记陈步君，大家和他配合着投进一个又一个球，陈凯先禁不住也想往球场里挤……校园里不时响起悦耳的歌声，团委书记陈步君的歌声富有魅力，他和同学们齐声高歌，让人听着由衷地喜欢。这些老师和高中部的同学都活力四射、热情洋溢。

开学前，学校举办了新生夏令营。三天的时间里，同学们互相认识，建立了少先队中队组织，白天参加军事游戏、中队比赛，晚上在大操场上看露天电影。睡觉是在图书馆大楼，把从家里带来的草席往地板上一铺就能睡了。这是他们有生以来第一次离家在外住宿，叽叽喳喳讲个没完，直到夜深还毫无睡意。全班同学热爱新的集体，各项活动都齐心协力。夏令营结束，大队部评选先进，给各个中队颁发了荣誉称号，他们初一甲班是最棒的——"先锋号火车头中队"！

陈凯先对中学生活充满了向往。看到高中部教室门口挂着以英雄人物命名的荣誉牌"古丽雅班""吴运铎班"，了解了这些英雄人物的事迹，他的心中升腾起对英雄的敬仰之情。

给陈凯先印象最深的还是学校的老师。上过他们的课之后你才会知道，什么叫作优秀的老师。语文老师教过的古诗"天苍苍，野茫茫，风吹草低见牛羊"，陈凯先最喜欢背诵；几何课的证明题让陈凯先感觉就像玩智力游戏一样，既有百思不得其解的艰难，也有一旦破解后的快乐；物理老师讲课是那么有趣，几乎每堂课都会听到一个科学家的生动故事；历史老师对历史事件的讲述让同学们印象深刻，连同他的方言也一起印入了脑海。

陈凯先在知识的海洋里遨游，学习顺利而愉快。可是有一天他陷入了沮丧，那次测验他没考好。面对挫折，这个一直事事要求优秀的孩子难过得流下了眼泪。他约上班里关系最好的朋友诸雨民，泪汪汪地找到班主任林炳英老师，问："我……怎么办呢？""怎么办？努力呀！"梳着两条长辫子，大姐姐般的林老师干脆利落地说道。她觉得孩子们好动、爱玩是天性，难免有松懈、起伏的时候。她微笑着说："快把眼泪擦干。"但陈凯先还是满脸的沉重，躲在诸雨民的后面。林老师又笑笑说："那，你制订一个努力加油的新计划吧。""嗯。"陈凯先忐忑不安地应道。"凯凯，我们走吧。"在诸雨民的推拉下，他走出了办公室。

回到班级里，他们的中队辅导员、高中部的方正同学来了，凯凯每次看到方正辅导员都会特别开心。同学们都非常喜欢这个大哥哥，他成绩优秀，热情和蔼，知识渊博，关心大家，老远看到就会满脸笑容地打招呼，走近了之后就会问学习怎么样，有难题吗，需要帮助什么吗，所以他们看到方正辅导员就觉得心里很踏实。方正辅导员一说正事就显得认真严肃，这种表情给他们力量和信心。嘿，今天他又带来了好消息：全中队同学要做"秘密行军"的游戏了！这是陈凯先最喜欢的游戏。

这是一个带着"密信"去探险的历程。这封"秘密指令信"会指示到哪里去寻找下一封指令信，只有连续解开其中的奥秘，攻克难关，一封一封"密信"拿到手，一站一站找过去，才能找到最后的目的地和旗帜。全中队四个小队各有一套连续几封"密信"，指引的是通往同一个目的地的四条不同的道路。

清晨，操场上，四个小队各自拿到一封"密信"，小队长们拆信，大家循着信中指令的暗语探索"蛛丝马迹"，研究"行军路线"。

关于"秘密行军"这个游戏，方正辅导员在发表于1956年6月的《少年文艺》杂志的一篇作文《秘密行军》里，作了十分生动的描写。当时他还是初中生，一个星期天，他和同学肩背手提锅盆瓢碗和各种食物，准备去野炊，起先却不知道最后的目的地，要获得"密信"后，一关又一关地破获线索，最后才能找到。他们在这个游戏中获得了乐趣，增长了知识，培养了团结友爱的精神，引导他们用崭新的面貌来对待接下来的学习。"秘密行军"游戏，是方正辅导员带给小同学们的一份礼物，也是学校传承的一个活动。

方正辅导员曾经写过一条指令，竟然将一棵粗壮的大树说成是一个"木头木脑的大胖子"，同学们需要找到这个"大胖子"，向它鞠一个躬请求指路，这情节让人忍俊不禁。陈凯先决心以后也要写出这样好玩有趣的"密信"指令。

"秘密行军"游戏开展之前，陈凯先他们班的教室里热闹非凡。大家兴奋地谈论着，然后纷纷看向方正辅导员，等待他发出活动启动的指令。可是他却只是微微地笑着，默不作声地看着他们。原来，方正辅导员是希望同学们能够发挥主观能动性，自己来着手组织活动。

这个任务落到了文体委员身上，她当仁不让，站出来对大家说："我来组织，希望大家能支持我。""那没话说，肯定支持你。"陈凯先嚷道。他立即和文体委员以及一些积极分子一起行动起来。

听方正辅导员介绍，"秘密行军"活动前有许多准备事项要完成。当初方正所在班级的辅导员提前两个星期就开始精心准备：第一个星期策划四条路线，并且每条路线都要去走一遍，在什么路口、在什么店门前，或者什么路线上有什么能够给大家指引的特征，都记下来，然后再写成一封封指令信，同时还不能耽误自己的功课，没有一个星期的课余时间是完不成这些策划的；第二个星期根据指令信上所写的内容再去走一遍、查对一遍。一个人把四条路线走两遍，这可相当于同学们一次活动的八倍强度呀！方正辅导员介绍这一切时，对他当年的中队辅导员充满敬佩之情。

听完这些，陈凯先心里默默地说：我们也一定不怕艰辛，决不让辅导员失望！

陈凯先贡献出的"密信"指令有"沿着宁静的大海前进"，意思就是沿着海宁路往前走；还有"跟着一位18岁的梳两条长辫子的姑娘走"，暗指沿18路无轨电车行驶的那条线路行走……

"秘密行军"时，整个中队分为四个小队，50多位同学，就像一群活泼的飞向蓝天的小鸟。大家在城市热闹的街道上精神抖擞地走着，当然免不了有不少诱惑等待着他们，例如街边有许多商店，可以看到各种各样好吃的、好玩的。下一封"密信"可能就在某个商店的门口、某棵树的旁边、某个十字路口，但是这些商店和沿途的风景会让他们分心。还有在欣喜、欢腾之后碰到的一个又一个磨难和考验。有时天会下起雨来，队伍走散了。又过一阵，太阳出来了，让人溽热难耐。一路上排解着各种诱惑、困难、波折，加之路途有些遥远，同学们渐渐开始步伐迟缓。

"秘密行军"接近尾声了。一个小队到达。又一个小队到达。第三个小队也到达了。大家欢呼着。方正辅导员也很兴奋,禁不住拍拍同学们的头,拍拍同学们的肩膀。虽说放手让同学们自己组织活动,鼓励同学们发挥主观能动性,但他也会担心同学们的安全,所以,他见各小队渐次到来,不禁也显得轻松起来。可是情势就在这时急转直下:剩下的那个小队左等右等就是没有出现!方正辅导员尽力地朝来路张望,可就是看不到第四个小队同学们的身影。他不由自主地往前一路跑去,寻找这支迷失的队伍。幸好,他最终找到了这支很茫然的小队,原来同学们看"密信"时看错了一句话,结果就"失之千里"。方正辅导员欣喜地拉着同学们的手,带他们来到目的地,全班终于可以一起欢庆这次行军游戏的胜利了!

陈凯先他们班级真幸运,有方正这样一位优秀的大同学做辅导员。方正两次被学校评为优秀学生,一次在初中,一次在高中。他的年终总评经常是各门功课都获 5 分,体育、军训也是 5 分。初中时,他担任过全市少先队大会的主席,高中时被上海市虹口区团委评为优秀辅导员。陈凯先觉得方正辅导员就是他一心追寻的学习榜样。几十年以后,他已经成为一位成就卓著的科学家,在返校的庆典上,他还说道:"方正同学是我一定要说一说的一位校友,我觉得他就是我一心追寻的学习榜样。"

经过"秘密行军"之后的陈凯先,人更活泼,心情更开朗,心胸更宽广,他很快把班主任林老师嘱咐的"学习计划"写好了。林老师高兴地接过他的计划书,他对林老师笑了笑,转身出了办公室,脚步轻盈地向操场上玩耍的同学们跑去。

（二）

1955 年考入华东师范大学附属中学的马饮川，比陈凯先高两届，他因为生病而休学了一段时间，后来转到陈凯先的班级就读，和陈凯先成了同桌。面对比他小两岁的同学们，马饮川感到十分孤单，就像一只落群的孤雁，不知如何与同学们相处。

面对新同学，陈凯先满含热情地微笑着跟他打招呼。给马饮川留下很深印象的一件事是：他们全班乘车外出活动，他在最后上车，陈凯先早已经帮他留了座位，对他喊："赶快来这里坐吧！"马饮川对陈凯先的第一印象就是——这个同学懂得关心人，是一个值得交往的人。

这一对同桌年龄不一样，身高不一样，爱好也不一样，却逐渐有了相投的志趣。马饮川擅长美术，写的"空心字"尤其让陈凯先羡慕。数学课上，他们头挤在一起，望着前边黑板上方的标语"我为人人，人人为我"，一个在课本空白处流利地将这行标语用美术"空心字"写下来，一个饶有兴趣地仔细看，他们太忘乎所以了。突然，陈凯先发现数学老师就站在他们身边，赶紧用胳膊推推同桌，马饮川这才醒悟过来，尴尬地看着老师。老师只是拍拍手里的教科书，提醒他们认真听课，就走开了。哈，虚惊一场，他们相视而笑，做个鬼脸。

在同桌的时光里，有紧张的学习，也有好玩轻松的课余生活，两人成了好朋友。陈凯先虽然是"弟弟"，但是他在数理化方面给了"哥哥"马饮川不少帮助，而"哥哥"也指点了"弟弟"许多美术技巧。

陈凯先调皮，有时候他会突然伸出一个手指头给同桌看："咦，我的手指头怎么肿起来了？"原来他把钢笔套套在手指上，勒出一个印痕，指尖就变得"肿大"了。还有，他也会起绰号。马饮川体弱多病，体育课和其他的一些外出活动很少参加，陈凯先就打趣叫他"马老头"，让马饮川哭笑不得。但是想想自己走路慢吞吞的，许多活动都参加不了，所以他得了这个绰号也不生气。他心里知道，陈凯先是希望他同样拥有朝气蓬勃的精神状态。

陈凯先常把写同学们出去搞活动的作文给马饮川看，让他也知道班上有些什么有趣的活动和开心的事情。马饮川看了，跃跃欲试，渐渐摆脱了暮气沉沉的状态，也投入到了班级的活动中。

陈凯先和马饮川这一对同桌的友爱和相互帮助是整个班级同学关系的一个缩影。比如，女同学马广秀特别会关心人，有一次马饮川突然呕吐不舒服，被送进医务室，马广秀一直陪护着，放学后又帮他拿起了书包，往肩上一搭，双肩担着两个书包，送马饮川回家。

来自老师、辅导员的激励，来自同学的影响，母校的哺育让陈凯先拥有了富足的情怀。

班主任林炳英老师现在已近90岁，去拜访她的时候，她一直站在房门口，把所有人迎进屋里，对所有人都绽开真诚的笑容，开心地讲述当年和学生们在一起时的往事，有着动人、温柔的情怀，依然保有当年班主任、大队辅导员姐姐的活泼样。走的时候，林老师还坚持要送大家到房门外。华东师范大学附属中学的老师，就是这样一位位令人感动、让人难忘的老师。在这样的氛围中成长起来的学子，自然有情有义。马饮川还记得陈凯先的一件事：陈凯先的姐姐因为患了肾病，眼看着消瘦衰弱下去，最后病逝。这让陈凯先非常悲伤，他哽咽着说："现在医学这么发达，竟然还治不好我姐姐的病！"他写了一篇怀念姐姐的作文，对姐姐的深厚感情让马饮川非常感动。平时批阅学生作文很严格、给分数时非常"吝啬"的老师给了这篇作文满分"5分"。

陈凯先在班里是中队宣传委员，负责出墙报、黑板报等。马饮川是美术高手，理所当然收到陈凯先的邀请，他积极认真地完成工作，不久就成了美术负责人。他俩通过出墙报成了关系更亲密的好搭档。陈凯先感谢马饮川的奉献，马饮川也感谢陈凯先提供稿件及时。渐渐地，原本在班上处于"边缘化"的马饮川成了班级里的活跃分子。马饮川从陈凯先这里获得了蓬勃的少年朝气，渐渐地融入班集体，在同学中间获得了许多赞誉和友谊。

在同学中间，有努力学习的，当然也有玩心重的。有的同学下课了就觉得是打扑克的好时光，在教室里闹闹嚷嚷，不抓紧时间温习功课。也有的同学家务繁重，影响到了学业。陈凯先对"决不让一个小伙伴掉队"的口号记得牢牢的，课间同学们做作业时一有疑问，他就会很热心地站出来作一些解答，同学们还朝他嚷："凯凯讲慢点，讲慢点……"就这样，大家手记脑思，都把功课抓了上来。他们有时候还会到同学家里开展"学习小组"的活动。诸雨民家里比较宽敞，还有一张八仙桌，于是大家常在诸雨民家复习讨论，互帮互助。这样的情景多暖心。

在班上，虽然陈凯先年龄小一些，但是他对同学们的影响很大。因为他对新生事物特别敏感，说起新鲜事物特别带劲。他还介绍大家看他喜欢的科普杂志《知识就是力量》《科学画报》和有趣生动的图书《科学家谈 21 世纪》，让大家开阔了眼界，立下了远大的志向。

（三）

数学老师常布置两种回家作业，一种是常规的、必须完成的，另外一种是难题，老师会附加一句话："这可做可不做。"回到家里，陈凯先很快就能把常规的作业做完，难题可就要一直做到很晚。"可做可不做"，有这样一句话，只要不想坚持就可以随手一推，不再为此烦恼。可是陈凯先必定会坚持，直到解出题目为止。

有时候，那道题实在太难了，晚饭前解不出来，晚饭后也解不出来。一直到睡觉前，还有一个关键步骤解不开。爸爸心里十分喜爱儿子这种钻研功课的劲头，不过他也心疼儿子，催促他说："什么时候了？你还不睡觉吗？明天还要上学呢！""好，我马上，马上……"但是这个"马上，马上"又会延续几十分钟，甚至一个小时。直到十一二点，他终于解开难题，在睡觉之前完成了"当天"的使命。这时，爸爸妈妈都已经睡着了，找不到人来和他共庆胜利。当然，他一个人也是能够享受这快乐的，他哼着歌刷牙，洗脸，洗脚，然后上床睡觉，这一天多么完美。

第二天早上起来，他还是那么开心，整理好书包，吃了早饭去上学。到了学校，清晨的阳光照进教室，教室里十分明亮，陈凯先拿出作业簿，看到自己解开的难题，心情愉悦。

老师在课上希冀地问大家："做出昨天的难题了吧？"陈凯先举起了手，说："我做好了。"老师请他到黑板前演算题目。他起身，迈着轻快的步子来到黑板前，演算出了这道难题的答案。老师抚着他的肩头，高兴地说："真好！"每次完成难题，能这样受到老师的表扬，这是多么快乐呀！对一个少年学子来说，这样的快乐可谓莫大的荣耀。

在华东师范大学附属中学接触到物理、化学、生物等学科的实验室，令陈凯先眼界大开。他说："记得当时老师把大家带到生物实验室，每人桌上放着一个四方形的搪瓷盘，盘底铺了一层约 2 厘米厚的石蜡，还有一把手术刀、一把剪刀和一盒大头针。我用大头针把蚯蚓固定在蜡盘上，用手术刀把蚯蚓剖开，观察环节动物的器官构造。还在显微镜下观察洋葱的细胞结构、草履虫的形态，老师要求我们用铅笔把它们画下来，作为实验的报告。这样的科学实验训练培养了我的观察能力和动手能力，对我后来走上科研道路有很大的帮助。"

学校团委书记陈步君是同学们的带头人，他以自己的热情，带领同学们积极参与社会活动。这在陈凯先他们心中播下了报效社会、热爱祖国的种子。他们会推着板车到处寻觅被人丢弃的菜叶等，送往饲养场给猪做饲料。他们一忙就忙到半夜。这些孩子热心奉献的精神让大人们很感动。至今说起来，当年的小伙伴们还都很自豪。奉献自己，报效祖国，成了陈凯先他们这一代人共同的心愿。

到了高中，陈凯先担任了班长，和团支部书记马洪年等人成为班级的骨干。肩上的担子更重了，他也以更高的标准要求自己。同学们在一起时，或者商量班级的活动和工作，或者像大人一样思索着社会的发展和人生的前程。后来虽然各奔一方，但始终保持着联系。在后面几十年的岁月中，他们依靠自己坚韧不拔的毅力，为国家、为自己的人生添上了浓墨重彩的一笔又一笔。

一次作文课上，老师抬手"嗒嗒嗒嗒"在黑板上写下四个刚劲的大字"我的理想"作为作文题目。

陈凯先立刻激动地挥笔疾书。他的理想是研究原子能，为人类利用核能贡献力量。当时，国家发出了"向科学进军"的口号，让年轻学子无比振奋。对原子能的热情是当时涌动的浪潮，大家对引领世界潮流的科学创造给予热情的关注，有迫切地想要投身进去的期盼。

两本科学杂志《知识就是力量》《科学画报》都给了陈凯先以引领，他成了这两本刊物的"追星族"。还有一本图书《科学家谈21世纪》，更让他读得津津有味，爱不释手，他完全被书里描述的那些科学前景迷住了。

教物理的张老师讲课严谨清晰，要言不烦，十分吸引人。张老师在课上问同学："温度是什么？"一个个同学站起来都照着课本说"是物体的冷热程度"，张老师并不满意，最后陈凯先站起来回答说："温度是物体分子运动平均动能的宏观表示。"张老师听了满心欢喜。陈凯先的认知已经超越了课本内容，他已经认准了物理这门学科，他的心中已经建起了一座物理学殿堂，全世界的物理学家们在这里闪耀光芒。

高考时，陈凯先如愿以偿，考分达到了复旦大学物理系入学的分数线，心仪的物理世界已经在向他招手。

可是拿到入学通知书时，他却被告知去物理二系放射化学专业报到。这让他一下子蒙了，对于一心向往着物理专业的这个年轻人，这无异于是"当头一棒"。他去问班主任，班主任答不上来。去问物理老师，物理老师也不太确定。家里人也只好找些不着痛痒的话安慰他。可他是一个心中有着一座金碧辉煌的物理学殿堂的孩子啊！他相信自己是能够在物理学的天地间振翅飞翔的呀！那几天，陈凯先十分郁闷，收起了等待飞翔的"翅膀"，焦躁地独自发呆。

物理学殿堂里的那些他崇拜的、敬仰的物理学家们，仿佛都离他而去，他心中的那座宫殿变得死气沉沉。

在郁闷之中，陈凯先不知不觉又回到附中的校园。校园里花儿争艳，雨露滋润，让他想起了许多往事和老师们的教导。这么多年听到那么多的科学家的故事，宽广无际的科学世界在向他召唤，无论物理还是化学，都是科学。陈凯先豁然开朗，他仰望万里晴空，视野宽广，心中的科学殿堂又重放光芒。他急步向老师办公室走去，他要和老师们郑重道别，他要奔赴新的课堂，开启新的征程……

1978 年，33 岁的陈凯先又成功考取中国科学院上海药物研究所的研究生。

不过，此刻这位"天之骄子"从夜半噩梦中惊醒过来，冷汗淋漓。梦中，他起先解答初中、高中和大学老师布置的各种难题，或游刃有余或乐在其中，一路劈波斩浪，从重点中学华东师范大学附属中学的优等生，到名校复旦大学的高才生，再到中国科学院的研究生；现今身处学业巅峰，却有难题做不出来！

原来，他受中国科学院导师的安排，到东北的吉林大学来上研究生课程，第一堂课上，他踌躇满志地笑迎教授的目光，可是教授粉笔一挥，在黑板上出了一道全英文的线性代数题，宣布考试！陈凯先对英文和线性代数学得都还不深，这一下子把陈凯先击倒了！他愣愣地看着，干坐了半个小时，最后只在考卷上写下自己的名字。当他走出教室时，昏昏沉沉的……

在东北地区裹挟着片片雪花的寒风的吹拂下，陈凯先清醒了。

交"白卷"让他羞愧不已，给了他沉重一击，但是任课教授并没有把门关死，而是留了一线光亮，他是这样说的："这部分内容我不在课上讲了，要靠你们自己赶上来。赶得上，就跟着我上课，如果赶不上，就对不起了……请回吧。"

这给陈凯先带来了希望。白天，他上老师的群论课（群论是数学概念）；晚上，他自学线性代数。陈凯先的少年时代，除了有条件优越的校园和教学设备，还拥有老师们言传身教的奋发学习、不畏艰难的精神。所以，他在吉林大学虽暂时陷于困境，可是绝不服输、积极向上的性格，让他始终拥有昂扬的精神与坚强的意志。

经过两个月的追赶，陈凯先终于在一次重要的考试中获得了 97 分，应该是全班第一名。这让他重拾信心，还有对自己不畏艰难、勇于前行的自豪。他终于从人生的又一次措手不及的挫折中挺过来了。

要知道，在陈凯先的人生中，有过很多次的措手不及。此刻，他深深感激过往道路上每一次的措手不及和挫折，感激母校让他具有面对困难决不服输的精神。

（四）

当年的华东师范大学附属中学，现在的华东师范大学第一附属中学，至 2025 年就有百年历史了，培养了众多优秀的学子。

一届又一届的毕业生们归来了，其中，陈凯先院士作为一位引人注目的校友，代表同学们在返校的大会上向母校和老师们致以问候并汇报人生经历。他仔细准备的发言稿上恭恭敬敬地写着"一九六〇届初三甲班，陈凯先"。

返校的师生大合影特别有意义。老同学们矍铄的状态中更有熠熠焕发的耀眼容光。容光中多了难掩的沧桑，沧桑中有人生的坎坷和奔波，可是在坎坷和波折之后，收获的是累累硕果。来自各行各业的学子们纷纷向母校献上自己的成果。

陈凯先献上了他的药物化学和创新药物研制的成果，这是当下在计算机辅助药物设计研究领域令人赞叹的成就。

药物研究，是一项非常古老的科学，也是一项不断创新的科学。医药，关乎人们的生存、病老、康健，只要有生命的存在就有药物的需求，就有药物的创新。陈凯先院士把创新药物研究形象地比喻成：以前是无数把钥匙只能一把一把试着开一个锁，要花费许多时光试过无数把钥匙之后才能打开那个锁，成功研制一种新药花费八年十年一点也不稀奇；而现在有了"药物设计"这项前沿科学的发展，有了计算机的运用，就能加速找到与生命之"锁"相对应的那把"钥匙"。在成长路上，其实我们也是在用一把又一把人生的"钥匙"去打开一扇又一扇"生命之门"，走通人生的长路，取得一个个成功，以扎实的脚步走向未来。

许许多多的人为我们打造了"生命之门"的"钥匙"。母亲为我们打开第一扇"生命之门"，后续还有无数把"钥匙"帮助我们打开"生命之门"。打造这些"钥匙"的人，有我们的长辈亲友，有我们的老师和辅导员，有互相帮助过的同学，有人生道路上相助的贵人，有许多给了我们启示的或普通或崇高的人。

如果你打不开面前的"门"，你的人生就无法前进，以扎实的脚步走向未来也就无从谈起。陈凯先院士以他的经历告诉我们：要感恩所有为我们打开一扇扇"生命之门"的人，要感恩所有为我们打造了"生命之门钥匙"的人。

陈凯先院士担任过上海市科学技术协会主席，担任过中国科学院上海药物研究所所长，担任过上海中医药大学校长……他为我国医药研制领域的发展立下了汗马功劳。华东师范大学第一附属中学校友返校日这天，他却还是像当年的那个刚进初中的少年学生一样，怀着对老师的敬爱，在后排认真、热诚地站着，照例睁大了一双炯炯有神的眼睛。

他脸上带着平和的微笑，并不追求张扬的色彩和引人注目的光芒，却充满信念地望向前方。他大半生都遵循着母校老师的嘱咐和教导，为我们国家科学技术的发展贡献自己的力量。

张旭院士

他那神经科学的**破解**之路，
　　　　发端于长江大桥之上。

少年心事当拿云

李书涵　李学斌

（一）

张旭出生于 1961 年 8 月。尽管他的祖籍是著名的紫砂壶之乡——江苏宜兴，但他的出生地是美丽的江苏省省会——南京。

因为爸爸、妈妈都是军队干部，自记事起，张旭和爸爸、妈妈还有妹妹就一直住在梅园新村大悲巷的南京军区空军部队大院里。这个大院里，住着许多军队干部家庭。在这些人里面，张旭尤其敬重一个人，那就是在解放战争中率先突破济南内城的"济南第一团"团长张慕韩伯伯。张伯伯有时给小张旭讲述他参加济南战役的故事。每当张伯伯绘声绘色地讲述那些惊心动魄的战斗场面时，小张旭的眼睛就会亮起来，心中也充满了对英雄的崇敬和对人民解放军的热爱之情。也正是自那时起，小张旭心里便埋下了一颗种子：长大了，要像张慕韩伯伯一样，成为一名勇敢的解放军战士，保家卫国，建功立业。就这样，一个军营梦开始在小张旭心里生根发芽。

因为爸爸和妈妈在部队有稳定的工作，所以，童年时代，张旭家虽然不富裕，但也衣食无忧，他的童年生活过得平静而幸福。平常的日子里，爸爸妈妈非常注重培养张旭和妹妹良好的生活习惯和独立意识。他们教导兄妹俩要与大院里的小伙伴们和谐相处；见到长辈时要主动问好；要打理好自己的日常生活，自己的事情自己做；要积极主动为父母分担家务劳动；等等。爸爸妈妈还特别注重培养兄妹俩的爱心和集体观念，常常提醒他们，在打扫自家院落的时候，也要把邻居家门前一起打扫干净，因为大家都生活在一个大家庭里，理应团结友爱、互帮互助。小张旭把爸爸妈妈的话牢牢记在心里，每每轮到自己打扫院落时，都热情高涨，一丝不苟，把整个院落打扫得干干净净，器物摆放得整整齐齐。

每逢这时，大院里的爷爷、奶奶、叔叔、阿姨们都会夸奖他。小张旭听到大家的表扬，心里乐滋滋的，以后打扫起院落来更加起劲了。就这样，小张旭和妹妹在南京军区空军部队大院这个严肃又活泼、温馨且和谐的大家庭里感受着、体验着、生活着、历练着、成长着。他尊敬长辈，与他们和谐相处；他友爱热情，和小伙伴们亲密无间。爸爸妈妈的言行也在潜移默化中不断引领着他，让他心中的目标更加清晰了。彼时，小张旭满怀憧憬，信心满满。他渴望快快长大，能够成为像张慕韩伯伯、爸爸和妈妈一样的军人，身穿军装，头戴军帽，讲起话来语调铿锵，一板一眼，走起路来昂首挺胸，脚步生风，威武又神气。

（二）

时间如同脱缰的小马，跑得又快又稳。随着一天天过去，张旭到了上学的年龄。在南京逸仙桥小学读书时期的张旭是一个热爱阅读的孩子，尤其喜欢看连环画和科普读物。他最喜欢的一套书是《十万个为什么》。这套书里蕴含的各种科学知识深深吸引着他，不断激发他的好奇心和探索欲。大约从三年级开始，一有空闲，张旭就情不自禁翻开《十万个为什么》开始阅读。读完一本，就用节省下的钱去新华书店再买一本。直到把一套书都快翻烂了，他依然兴致不减。如今，几十年过去了，当初那种兴致勃勃的阅读场景依然历历在目。张旭院士觉得，自己对科学研究的兴趣应该就是从那个时候开始萌发的。

除了阅读，童年时代的张旭还对画画特别感兴趣。爸爸妈妈非常支持他的这个爱好，给他买来了图画纸、画笔、颜料等。小张旭常常一画就是两三个小时。他沉浸在自己的绘画世界里，尽情地用画笔描绘自己的情感和想象。小张旭的绘画才华在四年级时得到了大家的普遍认可，他的画作《拔河》被推荐参加南京市少年宫的绘画比赛，结果还获了奖。

当他捧着奖状回到家里时，爸爸、妈妈、妹妹都很高兴，大院里的爷爷、奶奶、叔叔、阿姨们都给他翘大拇指。爸爸妈妈满面笑容，肯定他的成绩，鼓励他继续努力，不断进步。妹妹和大院里的小伙伴们则用崇拜的眼神看着他，仿佛他是世界上最了不起的人。这些表扬和认可让小张旭心里别提有多高兴了。那一刻，他觉得自己是世界上最幸福的人。未来，他一定会成为像齐白石、张大千、徐悲鸿一样的大画家。

也就是从那时起，小张旭对绘画的兴趣更加浓厚了。他沉浸在画画的乐趣中，不断磨炼自己的绘画技能，不断提升对生活的感知力、理解力和表现力。记不清有多少个星期日，小张旭约着小伙伴一起到野外去写生，用画笔描绘湖光山色、花鸟鱼虫。

（三）

1968年12月29日，南京长江大桥全线贯通。作为我国自行设计施工的第一座横跨长江的大桥，南京长江大桥在很长时间内不仅是新中国的地标性建筑，而且还是南京市民的骄傲。时年7岁，正上小学一年级的小张旭和身边所有的人一样兴奋、激动。听着广播里的报道和大人们的讲述，小张旭不由对这座宏伟而神秘的大桥充满了好奇和向往。大桥究竟有多长？是不是像天上的彩虹一样漂亮？小张旭渴望目睹这座连接南京两岸的伟大建筑，亲身感受那种雄浑磅礴的气势和宽阔绵延的壮丽。

自从得知大桥落成的消息后，小张旭心里再也装不下别的事情了。他天天想着去看长江大桥，甚至有时上着课，思绪就不由飘到了长江大桥上。有一次，因为上课走神，他破天荒被老师点了名。

"如果能亲眼见到南京长江大桥，并把它画下来，那该多好啊！"小张旭心里时常会冒出这样的念头。为此，他没少缠着爸爸妈妈，求他们带他去看看大桥，哪怕看一眼也好。他对大桥的执念也感染了妹妹。妹妹也整天嚷着去看长江大桥。然而，爸爸妈妈嘴里答应着，却迟迟没有行动，他们实在太忙了，根本挤不出时间带孩子们去看大桥。就这么一直等下去也不是个办法。终于，在一个星期日，小张旭下定决心，独自带着妹妹踏上了通往南京长江大桥的路途。张旭家在南京玄武区西南部，而长江大桥则位于南京市鼓楼区下关和浦口区桥北之间，两者之间直线距离十多公里，要到达那里，需要穿过无数条街道。但是初生牛犊不怕虎，彼时，7岁的小张旭根本没有地理方位和路途远近的概念，他一心想的是，要看长江大桥。

就这样，7岁的张旭给爸爸妈妈留了一张字条，往挎包里装了两个馒头和一瓶水，就牵着妹妹的手去看长江大桥了。兄妹俩一边问路，一边往前走。他们穿过熙熙攘攘的街道，路过人声鼎沸的市场，一路上满怀期望，兴致勃勃。就这样走啊走，从大清早走到中午，从中午走到下午，他们终于走近了宏伟的南京长江大桥。

这期间，由于路程太远，妹妹不一会儿就走累了："哥哥，要不回去吧。改天再让爸爸妈妈带我们去看大桥。"妹妹走得满头是汗，累得小脸蛋通红。小张旭刚想答应，但转念一想：已经走了这么久，日思夜想的长江大桥就在前方，怎么能前功尽弃呢？这么一想，他的内心又燃起了斗志。

终于，小张旭和妹妹看到了南京长江大桥，眼前的景象让他们惊叹不已。大桥巨大的身躯横卧在长江之上，犹如一条铁龙腾空而起，庄严而雄伟。妹妹看到期待已久的大桥兴奋不已，而小张旭则凝视着大桥，心中涌起一股难以言表的自豪和敬畏之情。在他眼里，这不仅仅是一座桥，更是一条连接历史与未来的纽带，它见证了时代的变迁，承载了无数人的梦想和希望。

看完大桥，太阳已经西斜。两个馒头早已经吃完，小张旭和妹妹肚子饿了。于是，兄妹俩依依不舍告别大桥，踏上了回家的路。当两个孩子拖着疲惫的身躯回到家中时，天已经黑了。

一进家门，妈妈马上迎了上来，松了一口气又略带不满地责备小张旭：

"你可真能耐！长江大桥那么远，你就敢带着妹妹去看。路上那么多人，那么多车，要是磕着碰着该怎么办？妈妈都担心死了！"

见识了长江大桥的壮丽，愿望满足了，面对妈妈的埋怨，小张旭也不辩解，嘿嘿直乐。他安慰妈妈："妈妈，您不用担心。我和妹妹这不是平安回来了吗？"接着，他又情不自禁赞叹道："长江大桥好长啊！像巨龙一样壮观！"妹妹也很兴奋，小嘴呱呱呱地说个不停。

自那以后，小张旭一想起那天独自带着妹妹"长途跋涉"去看大桥的情景，心中便充满了喜悦和自豪。他觉得，那一天的经历将永远铭刻在他和妹妹的记忆里，成为他们生命中最珍贵、最美好的体验。

（四）

日子如长长的流水，平稳而缓慢地向前流淌。

1973 年，张旭升入了南京梅园中学初中部。那是一个特殊的时段，原本平稳而幸福的生活被打破了，一切都充满了不确定性。

张旭上初一的时候，爸爸被下放到安徽蚌埠"五七干校"，妈妈也被"复员"到工厂。自那之后，家里大大小小、里里外外的事情全靠妈妈操心、打理。看着妈妈日夜操劳、日渐憔悴的身影，张旭心里很不是滋味。他很想帮帮妈妈，为妈妈分担一些。于是，每天放学后，他总是主动帮妈妈做家务，尽自己所能减轻妈妈的负担。

爸爸常年不在家的日子里，尽管生活中有不少困难，但有妈妈和妹妹在身边，张旭心里还算踏实。这个阶段，他将自己的兴趣爱好作为一种寄托。

当时，学校的课程安排不紧张，他可以有更多的时间来画画，这成为他一种独特的学习方式。他喜欢在画纸上尽情地挥洒自己的想象和创意，用色彩和线条表达对大自然的热爱。

除了画画，张旭还时常和小伙伴们一起出去玩耍。他喜欢和大孩子一起玩。他觉得和大孩子在一起，能够学到更多东西。他时常关注大孩子们的一举一动，学习他们待人接物的方式。尽管偶尔大孩子们会捉弄他，但张旭并不在乎，他觉得他们这么做并无恶意。况且，在这其中，他也并没有损失什么。这也是一种成长的经历。

在和大孩子们交往的过程中，他学会了如何与人相处，如何处理比较复杂的人际关系。这些经历对他的性格、观念都产生了潜移默化的影响。在这些伙伴中，张旭尤其喜欢跟爱好摄影的张安鲁哥哥（张慕韩伯伯的儿子）一起去公园。每每一起外出时，哥哥拍照，他画画，两个人互相陪伴，互相鼓励。每当他们一起创作的时候，都会感受到一种无言的默契和快乐，这成为了他们心中美好的回忆。

有一次去东郊的中山陵画画时，一不小心，张旭的腿摔骨折了，这让妈妈心疼了好一阵子。尽管腿受伤了，但张旭对画画的热爱丝毫没有减退。等腿伤养好了，他又迫不及待地背上画板外出画画了。他觉得画画是他生活中必不可少的一部分，是他观察、体验和表达自己的一种方式，是他的心灵港湾。他愿意用画笔记录生活中的点点滴滴，尽情描绘自己对生活的热爱和对未来的憧憬。

（五）

　　到了张旭上初三的时候，家里发生了一场更大的变故——爸爸从"五七干校"回来后，因突发心脏病，不幸离世。这个突如其来的打击让张旭觉得天都要塌了。祸不单行，爸爸去世后不久，妈妈患上了风湿性心脏病，卧床不起。张旭作为长子，一夜之间从一个还需要别人照顾的少年变成了家里的顶梁柱。看着病弱的妈妈和年幼的妹妹，张旭默默地在心里给自己鼓劲：你是家里唯一的男子汉，你一定要挺住、挺住！

　　就是从这一天开始，张旭一改以往喜欢睡懒觉的习惯，每天早早起床，买菜做饭，料理家务。他尽自己所能照顾妈妈和妹妹，让她们感受到家庭温暖，生活如常。此时，尽管他还只是一个14岁的少年，但在生活的重压之下，他已经展现出了超越年龄的成熟与独立。少年张旭以自己的行动诠释了什么是真正的小男子汉，什么是少年人的责任与担当！

　　在那些困窘的日子里，张旭从未放弃对未来的憧憬和向往。他知道，生活愈是困难，自己越是要镇定、坚强。爸爸不在了，妈妈卧床不起，作为家里唯一的男孩，自己义不容辞，必须挺身而出，一定要为家人撑起一片天。他是这样想的，也是这样做的。

　　在那段艰难的岁月里，张旭每天异常忙碌。每天早晨都像打仗一样，洗菜做饭，看护妹妹，照顾妈妈，家务全部料理好，然后跟妹妹一起去上学。中午放学，他还要跑步赶回家，照顾妈妈吃饭、喝水、吃药，然后再赶回学校上课。下午放学后，先是顺路买菜，然后回家做饭，照顾妈妈，料理家务，和妹妹一起温习功课。生活的磨炼不仅极大地提升了张旭的生活技能，也让他的个性和心理发生了巨大变化。他从一个无忧无虑的懵懂男孩，逐渐成长为一个乐观、稳重、独立的男子汉。多年后，当他回忆起少年时代那段难忘的日子时，不禁深深感慨：父亲英年早逝，母亲卧病在床，正是生活的磨难让少年的自己淬火重生，变得勇敢而坚强。而这样的一种责任与担当，一旦植入心田，并生根发芽，就逐渐在他的生命里升腾而起，弥散开来，最终成为生命里的一部分。

（六）

尽管日子过得辛苦，但张旭始终没有忘记在生活中寻找乐趣。

高中时期，他仍然对画画情有独钟。学习之余，他将大部分时间都用来追逐自己的艺术梦想。在他的世界里，画笔是他的朋友，画布是他的舞台，每一幅画作都是他的心灵抒发和情感表达。他的热情和天赋得到了身边很多人的认可和支持。这其中，尤以语文老师兼班主任葛老师为甚。葛老师对张旭的画作赞赏有加，时常勉励他戒骄戒躁，不断努力，勇敢追求自己的梦想。

当然，除了画画，张旭在学业上也相当优秀。上高中后，他对物理和数学两门功课的学习颇有心得，常常在课堂上积极发言，课下虚心向老师请教。这样一来二去，他成了班里的数学"尖子"。高二时，因为在全市高中数学竞赛中表现出色，张旭获得了提前一年参加高考的机会。然而，由于他一有时间就去画画，学习不够踏实，第一次参加高考的张旭遭遇了"当头一棒"。他落榜了。

高中毕业典礼上，几位同学一起拍照留念。那时的张旭还踌躇满志，填报了著名的南京工学院（现为东南大学）建筑系。在他看来，学建筑可以充分发挥自己的绘画特长。可是，几周之后，张旭发现，由于没有达到南京工学院的录取分数线，那天一起合影的同学中，自己竟然是唯一的落榜生！

榜上无名的事实让张旭一时间震惊、沮丧和失落。但是，经历过生活磨砺和苦难锻打的他只迷惘了很短的几天，就重新振作起来，因为他已经找到了新的生活方向。

（七）

经历了高考的挫折后，面对不可知的未来，张旭做出了一个大胆的决定——报名参军，圆自己的军营梦！他把自己的决定告诉了妈妈和妹妹。她们尽管不舍，但都很支持他的想法。这让张旭对未来的军营生活更加满怀信心。彼时，他迫切想寻求一种新的生活方式，获得一种新的生命体验。

入伍后，张旭作为新兵被分配到福建漳州空军基地服役。前往部队报到的那天，妈妈和妹妹都忍不住落泪了。那一刻，尽管他也舍不得离开妈妈和妹妹，但心里更多的是，圆梦军营的满足与开心。时过多年，回想起那段岁月，张旭院士依然觉得意犹未尽。细算起来，虽然他只在福建漳州空军基地待了半年，但那里的军营生活还是对他的人生产生了深远影响。

在空军基地，由于张旭文化程度比较高，领导安排他担任电影放映员。这份工作虽然看似平凡，但对于新兵张旭来说却是一种全新的挑战和机遇。在放映室里，他不仅学会了操作放映设备，还有机会观看大量的中外电影作品，不断拓展自己的视野和知识面。短短半年，张旭结交了不少来自全国各地的新朋友，也体验到了军营不同寻常的生活……然而，随着时间的推移，张旭逐渐意识到，他渴望拥有更多的学识，更广阔的发展空间。在工作和训练之余，他又悄悄拿起了书本。

不久，机会来了。

1980年春夏之交，张旭经过一番慎重考虑，选择报考位于古城西安的第四军医大学（现为空军军医大学）。这之后，就是辛苦忙碌而有条不紊的备考和选拔。当收到盖着鲜亮耀眼的大红印章的第四军医大学录取通知书时，张旭难掩激动。此时，距离他踏入军营刚刚过去半年。短短半年，生活接连发生两次重大转变，这是多么神奇的事情啊！

遥望未来，张旭满怀感恩之情。他知道，正是军营生活为他开启了全新的生命旅程。到军队的高等学府汲取丰富知识，不断探求生命奥秘，这是多么令他向往！

那一刻，张旭觉得自己终于找到了一条适合自己的未来之路……

朱美芳院士

她用智慧编织各种新材料。

热　望

童孟侯

是什么东西能够使一个落水的水手，在看不见陆地的情况下，在惊涛骇浪中，仍然赤手空拳地挣扎？是什么？是一丝希望，是满腔热望。

我们绝大多数人爱这个世界，是因为地球上还存有热望。

热望本身就是一种幸福，也许还是世界上最大的幸福。

（一）

2020 年 12 月 17 日，中国嫦娥五号月球探测器携带 1731 克月球"土特产"返回地球，它是到外太空去做客的，是时隔多年人类再次采集月壤样品。中国成为第三个成功采集月壤样品的国家。此事不可谓不大，简直惊天动地，要比到珠穆朗玛峰采集一掬冻土难上十万八千倍！

那么，假设时间退后 45 年，穿越到 1975 年，如果那时的中国也已经从月球上带回了"土特产"，农村小姑娘朱美芳会有什么反应？她也许会想：把这个月球泥巴带到我们丝渔村来，爸爸妈妈种出来的水稻会不会比以前更壮呢？一亩地的产量会不会比以前多许多呢？她也许还会想：如果这月球泥巴掉到我们丝渔村二组的小河小沟里，大概会孵出更多的虾和更多的鱼吧？这是嫦娥姐姐的礼物呀！

也许，这就是少年朱美芳的热望。

回到现在，朱美芳已经在上海科普大讲坛上给青少年讲授过"地外纤维：一根丝的星辰之旅"，她说："我们研究分析了月球的'土特产'，发现它含有天然玻璃纤维，发现它的成分和地球的玄武岩差不多，这就肯定了在月球表面就地取材，利用月壤加工生产玻璃纤维建材的可能性。我们一方面通过仿月壤来制造纤维材料，将来通过火箭把它运往太空，但是火箭的载重量毕竟是有限的，所以，另一方面，科研人员希望能利用月球的原位资源制造关键材料，未来可以把月球上的土壤变成好材料，再用这些材料在月球上造房子。"

把朱美芳的这番话解释得通俗一点，就是利用月球上的月壤，直接在月球上生产建材，然后盖房子、造仓库、建电站。

青少年们睁大了眼睛，听得一愣一愣的，这是幻想吗？这是臆想吗？

不，这是朱美芳院士的热望，是有科学依据的热望。

热望，是历史进步的引擎。

（二）

朱美芳是江苏人，生长在江苏省如皋市营防乡丝渔村。当时，这是个一贫如洗的小乡村，这是一个一贫如洗的家庭，爷爷奶奶是农民，爸爸妈妈是农民，一辈子躬耕陇亩。

年末临近，一家人回过头来想一想，实在是要摇头叹息，春夏秋冬辛辛苦苦耕种了一整年，育苗、插秧、除草、施肥、割稻、挑稻、脱粒……为什么到头来仍然没有足够的粮食吃？朱美芳家早上吃的是很稀的稀粥，中午和晚上吃的是稀粥加上几个土豆和几片红薯。弟弟正在长身体，每次做饭时单独给他抓一小把米，装进一个小布袋，丢在粥锅里一起煮。全家都喝稀的，唯有弟弟有这一口"干粮"。

那么，全家人一年干到头，是不是有很多收入？没有，一分钱都没有！真正的家徒四壁。他们好羡慕村口的老张，他有一份工作，一个月有6元钱的收入！当时，朱美芳的热望是：我长大了有一份张伯伯那样的工作就好了。

少年朱美芳还种不了地，妈妈就叫她去小河边抓虾。她剪下一块蚊帐布，布的四角绑在小竹竿上，然后轻轻放下水去。有没有捕虾的诱饵？只有地里挖出来的小蚯蚓，完全是碰运气。每隔十分钟一刻钟，她就要抬起小竹竿看看有没有虾落网。有时，能捞起小虾三四只，五六只。一直守在河边守到天黑，抓到一把虾，有三四两，四五两，她这才收网回家去。

回家后是不是把虾下锅，炒一盆油爆虾吃，全家人也开开荤？不，不，小虾，哪怕是虾米，一个都不动，都养在鱼盆里。第二天一大早，朱美芳就起床，端着鱼盆到集市去卖。她的小脑袋低垂着，很低很低，她的草帽檐往下拉，很低很低。

一个顾客走到她的摊子前，问道：怎么卖？她轻声回答：一两一毛钱，这里是五两，五毛。

可是那顾客不买虾也不离开，就站在她的跟前。干吗呢？她不敢抬起头看个究竟。终于，那顾客递来五毛钱，她抬起头接过钱，啊呀，是班主任王老师！她的脸一下子红了，脑袋又低了下来，比方才更低。

有一天傍晚，朱美芳照例去捕虾。天很热，蚊子很多，但这是小虾愿意到水面来活动的时分，也是她愿意跑到小河边去的时候。静静地坐在河边，静静地期待，不能发出声响。过了一会儿，她抬起小虾网看看有没有收获，没有。又过了大约一刻钟，她又抬起小虾网看看，还是没有收获，一只虾都没有。今天怎么啦？不是抓虾，而是抓瞎。

天完全黑了，河边的那些人家已经开始张罗晚饭。炊烟袅袅，炒青菜的清甜味，煮饭的米香味，一阵一阵飘过来，朱美芳的肚子咕咕直叫。她想，我也该吃饭了呀，可是今天一只虾都没捕到，我怎么向爸爸妈妈交代？

她只能沮丧地拎着鱼盆回家。今天奇怪了，怎么会一无所获？她举起用蚊帐布做的小虾网，对着油灯细细看，她看到了横横竖竖的布纹，一丝丝，一缕缕，一根根，一条条……这才发现原来是她的蚊帐布有破洞了，怪不得今晚"盛"不住虾，都漏光了。

这是她第一次如此仔细如此近距离地观察布和线的纤维，她轻轻用指尖扯着已经被水泡烂了的蚊帐布上的棉丝，心里琢磨：这个蚊帐布用结实一点的线来织该多好呀？那样就不会有破洞了。

她不知道那个年月已经有了腈纶，渔民已经用上了尼龙（锦纶）网，她更不知道城里有钱人已经穿上了泡不烂洗不坏的"的确良"（涤纶）衬衫……

哦，有两个字就等着朱美芳呼之欲出，这两个字便是：化纤！对的，化纤。

"化纤"是化学纤维的简称，它是用天然高分子化合物或者人工合成的高分子化合物为原料,经过制备纺丝原液、纺丝和后处理等工序制得的具有纺织性能的纤维。

可当时朱美芳小姑娘想到的仅仅是:如果有一张结实的布网,我抓到的虾就不会跑了。她不知道什么是化纤,她不知道纤维材料关乎国计民生,关乎国家战略,她更没有料到有一天她终于接触到了化纤,竟然会把自己的一辈子都奉献给这个有魔力的东西。

朱美芳想拥有一个"结实的网",这是她的期望,也是她的热望。人间最精彩的画面往往都是用热望来涂抹的,人类的幸福感也常常由热望的满足提供。现代文明既不断满足人的各种欲望,又不断开掘和激发人们新的热望。

后来,爸爸知道女儿的小虾网破了,就帮她编织了一张新的更结实的小虾网,不再是用蚊帐布做的了,然而,还是用棉线。

(三)

朱美芳的爷爷曾经在南通城里干过活,他希望家里能出个读书人,于是请人给儿子起个名字叫朱彦志,寓意"立志成为有才学的人"。

当年,按照相关规定,朱彦志可以被保送到大连工学院(现为大连理工大学)去深造,他本可以迈进大学的校门。

但因为家里条件有限,朱彦志的大学梦破碎了,此后他再也没有机会走出过丝渔村,一直在家乡种地。因为有文化,他兼任村里的记分员,没有东西可记时,他就拿起锄头和扁担下地去。

朱彦志没能上大学成了他永远的一个心结，也成了女儿朱美芳的一个心结。知父莫如女，父亲的耄耋之年，朱美芳买了飞机票，特地把父亲带到大连，专门带到大连理工大学。大连理工大学的副校长正好是朱美芳的同学，他热情接待了父女俩。

朱彦志抬头仰望大连理工大学的校匾，感慨万千，老泪纵横。

朱美芳的小学是在丝渔村读的。家家都住着草房，小学堂当然也简陋不堪。学堂里只有一个王老师，只有十几个学生。虽然年级不同，但学生都混在一个教室里上课，老师只能这个年级教一点，那个年级讲一点。有课桌吗？没有。有课椅吗？也没有。只有一块黑板和几支粉笔。去读书的学生自己带个小凳子去，下课放学了再把小凳子夹回家。

朱美芳想，总有一天我要上一所像样的学校，要有像样的课桌椅，要有明亮的窗户。

没有希冀往往就没有热望。热望也许是一个可望而不可即的梦，但它能时时给人以慰藉。热望往往是在人们还不太清楚跋涉的艰辛时产生的，正如少年在不知油盐柴米的琐碎烦杂之时热爱上了烹饪一样。

这一天终于让她盼来了。1982 年，少年朱美芳高中毕业参加高考，考出了 500 分的好成绩，"三好学生"可以另加 10 分，她的总分为 510 分。

大学志愿填什么呢？语文老师辅导她，应该填写上海交通大学（要是听了语文老师的话，她现在也许是个造船专家）；英语老师辅导她，应该填华东纺织工学院（后改名为中国纺织大学，现为东华大学），劳动模范郝建秀就是搞纺织的，她是巾帼英雄……

一时间，朱美芳没了主意，老师的热望代替了她的热望。就像当年她读小学一年级的时候，老师问：你叫什么名字？她说：我没有名字，只有一个小名"中旗"。老师说：你姓朱，就叫朱美芳吧。

最后，她听了英语老师的话，填了华东纺织工学院。这一年，华东纺织工学院在江苏只招了14个学生，她是全省的十四分之一。

接下来，该填报什么专业呢？她又没了主意，她不了解学校里有多少专业。

啊呀，填化纤呀！这两个字已经在朱美芳家的门外等候很久很久了，就等着她呼之欲出，就等着她热情拥抱。

热望，大多是主动的；热望，也有被动的，不少人的热望往往是被别人"安排"的——华东纺织工学院将朱美芳分配到了化纤专业。

化纤，也就是化学纤维，看起来就是一根丝一缕线，可它却包罗万象，是人类须臾离不开的。天然的纤维有动物纤维，比如羊毛、蚕丝等，也有植物纤维，比如棉、麻等。说到非天然的化学纤维，这可是人类最伟大的发明之一，如今的生活中无处不在。

瘦瘦弱弱的丝渔村小姑娘朱美芳来到华东纺织工学院，连她自己都没有料想到，这一脚跨进校门，就一直留在了大学里，读学士，读硕士，读博士；接着，留校当助教，当讲师，当教授，当系主任，当材料科学与工程学院院长……足足42年，她与化学纤维"缠绕"在一起。

朱美芳走进了大学校门，在贫穷的家乡长大的小女孩，终于摆脱了缺吃少穿的不良状态，她，可以穿暖衣服了，她，可以吃饱饭了。到食堂用餐，她总要排两次队，第一次打二两饭，一盆肉糜菜底，一毛二分，吃完，第二次再排队，再打二两饭，要一盆肉圆菜底，一毛七分。

女同学无不咋舌：朱美芳，你吃了双份，把晚饭也吃掉啦！

瘦瘦弱弱的朱美芳加入大学长跑队，一方面是为了锻炼身体、增强体魄，另一方面也是为了一份补贴。学校规定，只要参加一次训练或者比赛，就有五毛钱的补贴。

朱美芳成了华东纺织工学院的"飞毛腿"，体育老师看见她往上攀爬的比赛成绩欣喜不已，看见她往上攀爬的身高更是喜笑颜开，这一年，朱美芳竟然长高了六厘米，长到了一米六八！按理说她已经脱离少年步入青年，一年长高六厘米是少年才有的呀！

（四）

朱美芳的脖子上总是戴着一条彩色的丝巾，飘飘洒洒的丝巾，色彩绚丽的丝巾，用蚕丝纤维编织的丝巾。

朱美芳的嗓音略微有些沙哑，那是她当年在艰苦环境下长期做化学实验"熏"出来的，可是，在世界化纤的讲坛上，她轻轻道来，款款道来，台下的人无不洗耳恭听。她是化纤领域的世界领跑者，虽然嗓音沙哑，但是她是有国际话语权的。

全世界各行各业的研究者，总是热望着把自己的论文发表到全球各大顶级的科学刊物上去，比如《自然》《科学》《柳叶刀》《细胞》……那么，关于化纤的顶级科学刊物有没有呢？有的。杂志社在哪个国家？在中国，就在我们中国。它是朱美芳创办的《先进纤维材料》，世界上从事纤维研究的科研人员，都以在这本刊物上发表一篇文章为荣。

当年用蚊帐布在小河里捕虾的朱美芳，如今是中国科学院院士，是纤维材料改性国家重点实验室主任，是东华大学材料科学与工程学院院长，是国际先进纤维材料学会主席。她获得过国家技术发明奖二等奖、国家科学技术进步奖二等奖、上海市科学技术奖自然科学一等奖……

上苍创造了人类的基本欲望，并催生了种种热望，不同的人在不同的国度，不同的时期，其欲望和热望不尽相同。然而，大海的汹涌澎湃终究是风的热望之佳作。国家的热望成了朱美芳的热望，朱美芳的热望也正是国家的热望！

樊春海院士

他在微观世界里画了一张中国地图。

那是一条条"问河"

简　平

（一）

2001年8月，美国加州，夏日的阳光格外明亮。

博士毕业后，27岁的樊春海去了美国加州大学圣巴巴拉分校，跟随诺贝尔化学奖得主艾伦·黑格做博士后研究。

黑格是樊春海心目中的偶像。

黑格是个跨界奇人，他是一位物理学家，2000年他与另外两位科学家因发现导电聚合物而共同获得诺贝尔化学奖。

大家都知道普通电线是以铜、铝等金属为导体的，外面包着塑料绝缘层，可黑格发现塑料通过特殊的掺杂之后也能成为导体。利用导电塑料，人们很快研制出了抗电磁的电脑屏幕、可改变光学特性的智能窗，同时，在发光二极管、太阳能电池、移动电话显示装置等方面，导电塑料也有了新的用武之地……

没有想到的是，获奖不久，黑格收到了一封来自遥远中国的电子邮件。

给黑格写信的正是樊春海。

樊春海并不认识黑格，他是贸然自荐的，但他很自信，因为他自己也是一个喜欢跨界的人，正在生物与物理化学的交叉点——生物传感器方面开展工作。

果然，樊春海很快收到了黑格的回信。

后来，黑格告诉樊春海，他之所以接受樊春海的申请，看中的就是樊春海的跨界能力和多学科交叉研究的背景。眼下好奇心极强的黑格想尝试做一些以前不敢做的研究，比如生物学，他觉得对 DNA 了如指掌的樊春海非常合适，相信两人能碰撞出科研的火花来。

哈哈，好奇心！

真是慧眼识英雄，英雄两相知。

樊春海走在去学校实验室的路上。

那里有一条汇入大海的河，夏风轻吹，缓缓流淌的水面上泛起了一个个波纹，看上去就像问号一样。

看着看着，樊春海有些走神，不由得想起自己小时候也曾这样看过家乡那一条条同样有着问号般波纹的河流。

（二）

樊春海出生并度过少年时光的地方是张家港。

张家港市是隶属于苏州的小城，地处江南水乡，河汊密布，所以，樊春海觉得家里也好，学校也好，四周都被河流环绕。

樊春海是个有些内向、羞涩的少年，他喜欢一个人静静地看着那些河流。

河面上，波光粼粼，河水从远处来，又向远处去，樊春海的目光追随着那一团团、一圈圈的波纹。他感觉这波纹不仅形状像问号，而且也的的确确触发他脑海里涌出许多的想象、许多的问题。

没有好奇心就不会有想象力，就不会生出问题来。

确实，这个时候的樊春海总是有点心跳加快——好奇心是会让人激动和兴奋起来的。

就说张家港吧。这里的地势南北有别，南部高亢，北部低平，北部由江中沙洲和边滩积涨而成，现在仍然处于发育期，沿岸江中还有浅滩沙洲，水涨淹没，潮落露出，那么，再过十年、二十年、五十年，它们会变成一座座岛屿吗？这里野生动物资源丰富，鱼纲类、爬行纲类、鸟纲类、哺乳纲类应有尽有，那么，有没有野生无脊椎动物呢？如果有，它们也会进化吗？再有，这里发现过十多处新石器时代遗址，距今3200—8000年，如果以后发明了更加先进的考古"大杀器"，会不会把人类在此活动的历史再往前推进几百几千年？

那些奇奇怪怪的令人充满好奇、令人遐想无边的问题，随着河水不断地流淌。

樊春海想在书籍里寻求答案。

樊春海从小就有自知之明，他不认为自己是个"生而知之者"，而是一个"学而知之者"。

可是，那时可以阅读的书籍还很匮乏，所以，樊春海也只能有什么书就看什么书。

那天，爸爸带回家一摞书，樊春海瞄了一眼，满心欢喜。

这摞书里有几本期刊，名叫《新华文摘》。

《新华文摘》个头大大的，十六开本，当时一个月出一本，每本都很厚，拿在手上还挺沉。作为一本大型理论性、综合性、资料性文摘类权威期刊，里面的内容可谓无所不包，简直就像百科全书，涉及领域非常广泛，这让少年樊春海大开眼界，读得不肯放下，读得仔仔细细，甚至连目录页上的字都不愿跳过一个。

这本期刊大大满足了樊春海的好奇心，也让他变得见多识广，在众多领域里来去穿梭。

比如说，期刊里有一篇关于北欧的文章。对樊春海而言，原本北欧只是一个模模糊糊的地理概念，这个地方究竟有怎样的风土人情，有怎样的政治经济状况，先前都是不知道的，但读了这篇文章后，他觉得身临其境，一下子拉近了与那个地方的距离。

没想到，这摞书里居然还有一本菜谱呢！

好奇心无处不在的樊春海同样读得津津有味。原来，我们中国有八大菜系，川菜、鲁菜、苏菜、粤菜最早名扬天下，后来浙菜、闽菜、湘菜、徽菜又纷纷崛起。每种菜系都经过长期演变，在选料、切配、烹饪等技艺方面具有鲜明的地方风味特色，共同形成了中国独特的传统饮食文化。

菜谱同样为樊春海开辟了新的认知天地。

从《新华文摘》到菜谱，樊春海感受到了一个宽广无比的世界，这个世界各有各的精彩，但并不是互相不能逾越的，总能找到一个点，然后豁然开朗，原来路路都可相通。

现在想来，正是这些五花八门的书籍为樊春海埋下了一颗乐于跨界、敏于交叉学科研究的种子。

樊春海沉浸其中。

同学们听樊春海说起菜谱来头头是道，十分来劲，问道："你将来要做厨师吗？"

樊春海摇了摇头，说："将来做不做厨师我现在还不知道，可这是一件多么让人好奇，多么让人想去尝试的事情啊！"

或许，就是在这样的过程中，一个对世界充满好奇，脑袋瓜里不断涌出各种奇思妙想的孩子才脱颖而出。

（三）

樊春海 45 岁时，成了那年上海最年轻的中国科学院院士。

听说有人要去他当年就读的小学、初中和高中做采访，听老师们说说当年的这位学生，樊春海说，那基本是问不出啥来的。

人家问他为什么。

樊春海很坦诚地回答："因为我在学校里一直都不是多么出挑的孩子，老师们怎么会对我有深刻的印象呢？"

的确，樊春海读书读得好不假，但他却不是什么"尖子生"，他的爸爸妈妈从来没有要求他考试要考第一名，他自己也并不那么追求考试成绩排名。

那樊春海追求什么呢？

樊春海就读的高中是江苏省赫赫有名的梁丰高级中学，那里的学生都是同龄人眼里的"学霸"，被认为个个都有"一把刷子"。不过，樊春海倒是认为多"几把刷子"才好，所以他既可以出征省里的化学奥赛，也可以担任班里的英语课代表——每门科目都有趣，而且能互相促进。

樊春海最怕的是，在不断地刷题，不断地应对考试中，渐渐变得麻木起来，湮没了原先追求知识的乐趣，湮没了好奇心和想象力，而这些东西是应该保持一生的，这是发现和创造的原动力。

那个周末，天气晴朗。

樊春海独自出门去爬山。

他爬的是凤凰山。

凤凰山古称河阳山，位于港口、凤凰、西张三镇交界处，山体由西而东走向，犹如丹凤展翅，故称"凤凰山"。

凤凰山主峰高 86 米，石奇、泉清、木秀，峰峦起伏，山姿秀丽。

樊春海先是到了状元读书台。那是林木葱茏下的一方巨台，其中一石平整光滑，大小跟八仙桌差不多，传说是唐朝一位状元的读书之处。明朝诗人邹武曾到此游历，写下一首诗："松窗萝幔傍岩开，山鬼时闻夜诵来。旧日风光几消歇，青云犹绕读书台。"想象一下，松树和藤蔓交织，犹如书房的门窗和帐幔，连山神仿佛都能听到读书台上传出的琅琅读书声。

再往西去，那里有大片的松林、竹林、果树林，树木葱郁。

樊春海最喜欢的是邓家宕的那棵高大的红豆树，相传为南朝梁武帝萧衍的长子，也即昭明太子萧统在河阳山永庆寺读书时所种。

萧统酷爱读书，勤于写作，他主持编撰的《昭明文选》录有先秦至梁的诗文辞赋七百余首，是中国现存最早的诗文总集。萧统天资聪颖，少时勤奋好学，读书数行并下，过目不忘。他四处游历，与河阳山结下不解之缘。

樊春海坐了下来。

此时此刻，也有青云缭绕，从树荫下望出去，可以看到山下有一条蜿蜒的河流，细细观望，恰似一个问号。

樊春海想，当年昭明太子植树时是不是也看到了这条河呢？是不是也像他这样对外面的世界满是好奇，并生出无数的问题呢？

樊春海的思绪穿越过了千年。

那是昭明太子萧统年少的时候。

传说一个盛夏的午后，读书读累了的萧统想小睡一会儿，他便走到一片树林里，可是那些树木都不能全然遮阳。就在这时，前面吹来一阵清风，萧统抬头一看，只见一位老僧翩然而至，笑盈盈地指点他："你莫急，再往前走点就有一棵大树呢！"萧统问："那有多大呢？"老僧笑道："遮天蔽日，清凉世界也。"待他再抬起头来，见老僧已飘然而去。萧统顺着老僧指点处走去，果然见到一棵硕大的红豆树，冠盖犹如天穹，完全遮住了炎炎烈日。萧统躺下来，舒舒服服地睡了一个午觉。醒来后，神清气爽，好像满肚的诗文在胸中翻滚。他不由得好奇发问："这是一棵什么特别的红豆树啊？"

想着这个故事，樊春海不禁也笑了："是啊，这是一棵什么特别的红豆树啊？"

这是相隔千百年的两个少年同样的好奇之问。

这也是一场相隔千百年的两个少年的心灵对话。

那天下山时，樊春海脚步轻快。

转眼到了填报高考志愿的时候。

很多同学目标明确，并说得头头是道，对未来发展的方向似乎了然于胸。

樊春海却不像他们那样。

樊春海报考的是南京大学生物化学系。

老师和同学问他："你为啥选择读生物化学啊？"

他竟然答道："不知道啊。"

"那你对生物化学了解吗？"

"我真的还几乎一点都不了解呢。"

"那你怎么……这不是盲目选择吗？"

"是的，我也觉得比较盲目，可是生物化学既有生物又有化学，你们不觉得这个专业的名称听上去很酷吗？"

"天哪，你这是怎么想的？"

樊春海这回没有回答，他转身飞快地跑了出去。

樊春海跑啊跑啊，看着蓝天白云，不禁觉得心里很是畅快。

这个专业多好啊！把生物和化学两门学科交叉在一起，真够有趣的，那会发生怎样不可思议的结果呢？这简直让人太好奇啦！这样的选择难道不是更有吸引力，更能让人去探索未知的世界吗？

樊春海这么想着，一口气跑到了凤凰山，跑到了状元读书台，跑到了那棵红豆树下。

望着青烟般的悠悠流云，樊春海想对萧统说："这是一棵什么特别的红豆树啊？我想有没有特别的基因呢？我要去读生物化学了，以后会研究带有遗传信息的 DNA。DNA 是自然界选择出来承载生命密码的一个奇妙的大分子聚合物，它本身既有物理性质，也有化学性质和生物性质。有一天，我会再来这里，回答这个问题！"

远处，那条问号般的河流在日光的映照下闪闪发亮。

（四）

小时候，樊春海喜欢看妈妈织毛线。

一团团的毛线经妈妈手里的棒针，像变戏法一般交叉编织在一起，先是成了一片片的，最后变成了毛衣、帽子、坎肩、围巾……而且，还有好看的图案，有简单的，也有复杂的，有对称的，也有不对称的。

樊春海好奇地睁大眼睛，看着妈妈运针走线。

妈妈说："这有什么好看的，还是去看你的书吧。"

樊春海道："这也是书啊！"

"傻孩子，这怎么是书呢？"

"妈妈，这真的是一本可以用来学习的大书啊！"

樊春海缠着妈妈告诉他织毛线的技术要领。

妈妈一边解释一边示范："这是基础针法，这叫上针，这叫下针，这是加针，这是并针，哎呀，还有好几种呢……"

樊春海看得眼睛都不眨一下："要是熟练掌握了这些基础针法，就可以编织出无穷无尽的花样来吧？"

"当然啦！"妈妈高兴地把刚刚织好的一块织片提起来欣赏。

樊春海露出羡慕的眼神："那我以后也要会编织。"

妈妈一下笑出声来。

多年以后的 2006 年，那天，在中国科学院上海应用物理研究所工作的樊春海，从实验室走出来，打开电脑，开始查阅最新的科技文献。

一篇论文很快吸引了他的目光——美国加州理工学院罗斯蒙德研究团队，用一条具有 7000 个碱基对的 DNA 长链，弯曲、折叠出了一个笑脸。论文使用了"折纸术"这个词，还解释道：通俗地说，就像小朋友们玩的折纸一样，只不过，"DNA 折纸术"是将一条长的 DNA 单链，与一系列短的 DNA 单链进行碱基互补，从而构造出高度复杂的图案或结构。

这篇论文激起了樊春海强烈的好奇心，他想，既然这些链状的 DNA 能够"折"出对称的笑脸，是不是也能"折"出非对称的图形呢？

想象力随着好奇心急驰而来。

樊春海当即找到中国科学院院士贺林、同事胡钧研究员，他们一拍即合，这些充满创意的科学家们决定用 DNA "折"出一个非对称图形，"折"出一幅中国地图！

创新催生出的激情让他们废寝忘食，沉浸其中。

很快，他们也在 2006 年拿出了研究成果，用 DNA 组装的一幅纳米尺度的"中国地图"创制成功！这一成果在《科学通报》发表后，立即引发轰动，这是"DNA 折纸术"这一前沿科学技术的第二项成果，也是该技术下的第一个非对称图形，最让人瞩目的是，这项成果是以中国的形象在国际上亮相的。

没有人知道的是，当樊春海第一次看到那个"折纸术"笑脸时，他脑子里跳出来的是妈妈编织的毛线。

在樊春海看来，这项技术就像织毛衣一样，DNA 长单链可以被看作是一根很柔软的毛线，当它和几百条短链碰撞、组装在一起时，就如毛线一样被编织成所需要的形状了。这个过程正像妈妈当初告诉他的，在织毛衣时，不同的图案需要不同的针法，而"织毛衣"在灵活度和柔韧性上也远高于"折纸术"。

樊春海笑呵呵地说："罗斯蒙德不了解我们的传统手艺织毛衣，认为这是折纸，所以算是个'美丽的错误'吧，把'折纸术'改成'织毛衣'才更准确呢！"

当年依偎在妈妈身边，好奇地看着她织毛线的情景再次浮现在樊春海的眼前，他感到那是特别的时光，而这时光一直延续到现在。

当然，樊春海不会去纠结是否要给"DNA 折纸术"换个名字，因为就像他的博士后导师黑格说的，要去做最重要的事情。如今，科学家们已经能将 DNA 编织出各种各样的形状来，实现了对 DNA 形貌的充分控制。因此，樊春海的好奇心已经转移到了这个点上：这些形貌自由、可控的 DNA，能用来干什么呢？

是的，这位跨界的全科型科学家，要在物理、化学、生物、医学之间持续"破圈"。

2019 年，樊春海在国际上率先提出了"框架核酸"的概念，他认为空杯可以装水，空屋可以住人，在他的想象中，通过搭建框架，把那些可以精准控制其尺寸、形貌、力学特性的 DNA 材料变成"空房子"，然后让特定的生物分子"住"进去，这样就可以制造出具有巡航能力、能进入人体工作的纳米智能机器人。有了这样的机器人，就可以做更好的癌症早期检测，做更好的癌症治疗，或者为像阿尔茨海默病这样的神经退行性疾病的诊疗提供更好的工具！

不久前，身为上海交通大学转化医学研究院执行院长的樊春海，给上海市金山中学的学生们做了一场"书写 DNA"的讲座。

在与同学们互动时，有学生问他："是什么引领您在科学探索的道路上不断向高峰攀登？"

樊春海回答："'三心'，即好奇心、责任心和初心。对青少年朋友们来说，好奇心尤为重要，有好奇心，才会有广阔的视野，才会去追问，去探寻。"

在上海交通大学闵行校区有着赭红色外墙的转化医学大楼附近，有好几条纵横交错的河流，樊春海每每从窗口望出去，总觉得有一种默契，它们既像交叉无界的学科，也像一条条起伏着各种奇妙问题的"问河"。

樊春海穿上白大褂，走进实验室，坐到摆满了各类器材的实验台前。

窗明几净。

他深吸了一口气，蓦然想到这样两句话——

面对未知，永远好奇。

星辰大海，"问河"长流。

图书在版编目（CIP）数据

那是一条条问河 / 张锦江主编.—上海：上海教育出版社，2024.8.—（院士少年成长书系）．
ISBN 978-7-5720-2815-1

Ⅰ．K826.1-49

中国国家版本馆CIP数据核字第20240HT389号

本书中的插图《褚君浩院士》《樊春海院士》由郭冶绘，《江欢成院士》《谭蔚泓院士》《陈凯先院士》由孙绍波绘，《杨櫰院士》由陈长兴绘，《王振义院士》由马毅绘，《朱敏院士》由慕容引刀绘，《张旭院士》由邹勤绘，《朱美芳院士》由赵为群绘。

责任编辑　管　倚

美术编辑　赖玟伊

封面设计　赖玟伊

插　　图　亭　子

NA SHI YI TIAO TIAO WEN HE

那是一条条问河

张锦江　主编

出版发行　上海教育出版社有限公司

官　　网　www.seph.com.cn

地　　址　上海市闵行区号景路159弄C座

邮　　编　201101

印　　刷　上海盛通时代印刷有限公司

开　　本　889×1194　1/20　印张 $8\frac{1}{5}$

字　　数　110千字

版　　次　2024年8月第1版

印　　次　2024年8月第1次印刷

书　　号　ISBN 978-7-5720-2815-1/G·2493

定　　价　55.00元

如发现质量问题，读者可向本社调换　电话：021-64373213